O ENSINO DE FILOSOFIA E A LEI 10.639

RENATO NOGUERA

O ENSINO DE FILOSOFIA E A LEI 10.639

Rio de Janeiro | 2020
1ª edição · 2ª reimpressão

Copyright © 2014
Renato Noguera

Editoras
Cristina Fernandes Warth
Mariana Warth

Produção editorial
Aron Balmas
Livia Cabrini

Revisão
Juliana Souza

Capa
Luis Saguar

Esta publicação foi realizada com recursos do Edital de Apoio à Coedição de Livros de Autores Negros, da Fundação Biblioteca Nacional, do Ministério da Cultura, em parceria com a Secretaria de Políticas de Promoção da Igualdade Racial da Presidência da República - SEPPIR/PR.

Este livro segue as novas regras do Acordo Ortográfico da Língua Portuguesa.

Todos os direitos reservados à Pallas Editora e Distribuidora Ltda. É vetada a reprodução por qualquer meio mecânico, eletrônico, xerográfico etc., sem a permissão por escrito da editora, de parte ou totalidade do material escrito.

CIP-BRASIL. CATALOGAÇÃO-NA-FONTE
SINDICATO NACIONAL DOS EDITORES DE LIVROS, RJ

N717e

Noguera, Renato, 1972-
  O ensino de filosofia e a lei 10.639 / Renato Noguera. - 1. ed. - Rio de Janeiro : Pallas : Biblioteca Nacional, 2014.
  136 p. ; 21 cm.

Inclui bibliografia
ISBN 978-85-347-0526-4 (Pallas Editora)
ISBN 978-85-333-0747-6 (Biblioteca Nacional)

1. Filosofia - Estudo e ensino. 2. Racismo. 3. Negros - Identidade racial. 4. África - Civilização - História. 5. Educação multicultural. 6. Filosofia e ciências sociais. I. Biblioteca Nacional (Brasil). II. Título.

14-18158   CDD: 107
                                                 CDU: 1(07)

Pallas Editora e Distribuidora Ltda.
Rua Frederico de Albuquerque, 56 – Higienópolis
CEP 21050-840 – Rio de Janeiro – RJ
Tel./fax: 21 2270-0186
www.pallaseditora.com.br
pallas@pallaseditora.com.br

Para minhas filhas Olivia e Maria

Sumário

9   Agradecimentos

11   Introdução

21   Capítulo 1:
Elementos para uma geopolítica da filosofia: epistemicídio, espaços e diferenças

45   Capítulo 2:
Elementos para uma história da filosofia em afroperspectiva

83   Capítulo 3:
Ensino de filosofia, formação e parâmetros curriculares para educação das relações étnico-raciais

97   Conclusões parciais

101   Referências bibliográficas

113   Apêndice:
As Leis 10.639/03 e 11.645/08 e o ensino de Filosofia

Agradecimentos

Ao amigo e compadre Mauro Roberto Bizoni, que, sem querer, contribuiu decisivamente para a minha escolha pelo curso de filosofia em 1991. À minha editora Cristina Warth e sua equipe pela persistência e pela capacidade de organizar um belo livro. Agradeço à Biblioteca Nacional pela importante iniciativa de discriminar positivamente, apoiando essa empreitada. Agradeço a todas(os) as(os) colegas professoras(es) de filosofia que formularam argumentos desafiadores em relação à existência da filosofia africana. Muitos foram categóricos em dizer que a filosofia só podia ser uma tarefa ou uma atividade própria do pensamento ocidental. A todos esses colegas, muito obrigado pelas interrogações que ajudaram na redação deste livro. Agradeço a Alice Signes, orientanda de graduação e bolsista de iniciação científica de 2009 a 2012, Larissa Gama, orientanda de graduação e bolsista de iniciação científica de 2013 a 2014, Alexandre Laudino, orientando de mestrado de 2014 a 2016, Vanilda Santos, professora de filosofia na cidade de Uberlândia, e Marcelo Moraes, professor de filosofia na cidade do Rio de Janeiro, porque sem vocês a pesquisa com professoras(es) da área não teria começado. Eu também agradeço pelos diálogos com os amigos filósofos Wanderson Flor Nascimento (UnB), Eduardo David Oliveira (UFBA) e Emanoel Luis Roque Soares (UFRB), que compartilham comigo um repertório espiritual comum. Não posso deixar de agradecer a todas(os) as(os) educadoras(es) e ativistas que lutam contra o racismo antinegro e foram responsáveis pela elaboração da Lei 10.639/03, em especial Abdias do Nascimento (*in memoriam*).

Introdução

*Filosofia é a mais branca
dentre todas as áreas no campo das Humanidades.*

Charles W. Mills (1999, p. 13)

A epígrafe acima é uma frase contundente do filósofo afro-americano Charles W. Mills (1916-1962). Ela diz muito sobre a provocação que atravessa estes escritos do início ao fim. No meio filosófico havia e continua havendo, em certa medida, poucos debates a respeito das relações étnico-raciais, do racismo antinegro e dos desdobramentos das relações entre colonização política e a invisibilidade renitente conferida à filosofia africana.

Obviamente existem exceções. Nós podemos encontrar debates desse e de outros tipos, como é o caso dos quesitos de gênero e de sexualidade, feitos por filósofos no mundo inteiro. Por exemplo, cito três casos: a filósofa estadunidense Sandra Harding, que problematiza o sexismo na história da filosofia e critica a "epistemologia masculina" reinante; o filósofo afro-americano Cornel West, que tece reflexões sobre a situação de negras e de negros nos Estados Unidos da América, os estereótipos e os estigmas do racismo; e a filósofa afro-americana Angela Davis, que trata dos dois assuntos.

De qualquer modo, a formação no campo da filosofia tem seus cânones. As questões incontornáveis consagradas na historiografia filosófica, como, por exemplo, a verdade. Neste sentido, uma pessoa pode ter uma formação filosófica sem examinar, nem de perto, questões como: (a) relações étnico-raciais; (b) racismo antinegro; (c) a relevância da história da África para a filosofia; (d) os processos de subalternização das produções africanas e afrodiaspóricas[1] de conhecimento diante do processo de colonização — as relações assimétricas entre Europa e África. Ou seja, problemas que atravessam o presente trabalho.

Eu preciso destacar que a redação deste trabalho foi um grande desafio e, sobretudo, uma belíssima oportunidade de contribuir para desfazer um dos maiores equívocos a respeito da filosofia. Um erro que parece permanecer encoberto pelo material didático de ensino de filosofia adotado pela maioria das escolas no Brasil. Estou falando da ideia de que a filosofia é grega na sua origem. Em outros termos, o objetivo deste livro é explicar que a obrigatoriedade de conteúdos afro-brasileiros e africanos no currículo de todos os níveis e modalidades de ensino no Brasil nos ajuda a desfazer um tipo de "senso comum" sobre a filosofia. Para isso, vamos elencar uma série de argumentos, dentro do escopo de um pensamento antirracista, para sustentar que a filosofia não tem um local de nascimento. Destaca-se o fato de que Cheik Anta Diop (1954, 1967, 1977), George James (2005), Molefi Asante (2000), Théophile Obenga (1990, 1992, 2004), Mogo-

---

[1] O conceito de afrodiáspora será discutido no Capítulo 1.

be Ramose (2011) e José Nunes Carreira (1994) convergem em favor da tese de que temos textos de Filosofia africana, assim como de outras regiões do mundo, bem anteriores aos textos gregos que são reconhecidos pela historiografia ocidental como sendo dos primeiros filósofos.

Pois bem, não podemos deixar de considerar um dos estereótipos que cercam as filósofas e os filósofos. O pensador grego Tales de Mileto (625 A.E.C — 547 A.E.C.)[2] oferece um dos retratos mais populares sobre a "natureza" dos filósofos e das filósofas, ilustrando as contradições entre a atividade filosófica e a vida prática. Tales de Mileto era tão distraído que, certa vez, olhando para o céu e inebriado por profundas reflexões filosóficas, tropeçou e caiu num buraco.

A hipótese genérica, clichê, que ainda anima uma boa parcela da audiência leiga diz: a filosofia é um saber sofisticado, com reconhecido e elevado *status* acadêmico, mas, geralmente, dissociado da realidade. Filósofas e filósofos se ocupariam com questões tão profundas que manteriam distância de eventos corriqueiros e "desimportantes". Em outras palavras, existiria uma ideia corrente do senso comum sobre a filosofia: ela não serviria para "nada" e isto não seria somente *charme*, mas o que a diferenciaria e a desobrigaria de estabelecer relações explícitas com a realidade. Neste sentido, a filosofia estaria entre os saberes mais diletantes, quiçá a atividade intelectual que permanece mais hermética e obscura para o público leigo. De qualquer modo, como nos

---

[2] Era Comum (E.C., em inglês C.E., *Common Era*) e Antes da Era Comum (A.E.C., em inglês B.C.E., *Before Common Era*) são notações das grandes eras históricas que vêm sendo preferidas em documentos que não tratam especificamente de temas cristãos. Seu ponto zero é o mesmo da Era Cristã, mas o sistema pretende pelo menos evitar a conotação religiosa explícita, limitando-se a ser um calendário civil internacional.

diz o filósofo ganense Anthony Appiah (1997, p. 131), "'filosofia' é o rótulo de maior *status* no humanismo ocidental. Pretender-se com direito à filosofia é reivindicar o que há de mais importante, mais difícil e mais fundamental na tradição do Ocidente".

Numa comparação ligeira, no que diz respeito à abordagem de temas atinentes às relações étnico-raciais, não restariam dúvidas: a filosofia — aqui entendida como saber acadêmico oficialmente constituído e certificado pelas universidades e como disciplina escolar — seria muito mais tímida do que outras grandes áreas no campo das Humanidades. Mesmo diante de agendas de pesquisa bem variadas, os temas étnico-raciais fazem parte de muitos estudos nas áreas de Antropologia, de Ciência Política, de História e de Sociologia. Até mesmo nas Ciências Sociais Aplicadas, por exemplo, no Direito e na Economia, cada vez mais encontramos reflexões nesse âmbito acerca dos dispositivos legais das ações afirmativas, além de indicadores sociais e econômicos das desigualdades raciais. Entretanto, esses temas raramente integram as investigações da filosofia.

O Grupo de Pesquisa Afroperspectivas, Saberes e Interseções (Afrosin), da Universidade Federal Rural do Rio de Janeiro (UFRRJ), tem feito levantamentos parciais sobre os assuntos abordados por monografias, dissertações e teses em cursos de graduação, mestrado e doutorado, respectivamente. A pesquisa da produção, desde 2003 (ano da promulgação da Lei 10.639/03) até 2014, na Universidade Federal do Rio de Janeiro (UFRJ) e na Universidade de São Paulo (USP), revelou um aspecto em comum: pouquíssimos trabalhos versaram sobre algum tema referente a relações étnico-raciais, seja o assunto propriamente dito, seja a revisão de obras sobre filosofia africana ou teses críticas ao racismo antinegro. Nós encontramos apenas dois trabalhos na UFRJ: a monografia de graduação de Katiuscia Ribeiro Pontes intitulada *O que é filosofia africana? Investigações epistemológicas na construção de sua legitimidade*, de 2012, e a dissertação de mestrado de Rodrigo Almeida dos Santos intitulada *Baraperspectivismo contra logocentrismo ou o trágico no prelúdio de uma filosofia da diáspora africana*, defendida em abril de 2014. Vale destacar que os dois trabalhos, orientados pelo Prof. Dr. Rafael Haddock Lobo, figuram entre as minhas coorientações.

O ensino de Filosofia e a Lei 10.639 na sala de aula

Pois bem, coordenei um projeto de pesquisa que incluiu a aplicação de questionários em professoras e professores de filosofia que atuam nas redes públicas do Rio de Janeiro e de Minas Gerais. É importante registrar que as pessoas envolvidas na pesquisa participavam, presencialmente ou através de ferramentas da Internet, do Grupo de Estudos de Filosofia Africana (Gefa), um Grupo de Trabalho (GT) que integra uma das linhas de pesquisa do Afrosin e que começou a se reunir sistematicamente desde a segunda semana de março de 2011, com regularidade semanal ou quinzenal.

É importante afirmar que esse foi um estudo preliminar, com uma amostra bastante reduzida. Mas o seu resultado aponta de modo panorâmico alguns dos desafios que a legislação impõe. As primeiras conclusões da nossa pesquisa confirmaram algumas suspeitas. O curso de graduação em filosofia na maioria das instituições de Ensino Superior brasileiras não formou profissionais que trabalhem no Ensino

Médio em consonância com as Diretrizes para Educação das Relações Étnico-Raciais, Ensino de História e Cultura Afro-Brasileira, Africana e Indígena.

O que chamou a nossa atenção foi que 84,6% das pessoas entrevistadas sabiam que a Lei de Diretrizes e Bases da Educação Nacional (LDB) foi modificada e que os conteúdos de História e Cultura Afro-Brasileira, Africana e Indígena se tornaram obrigatórios; mas 76,9% das professoras e professores de filosofia não cumprem essa obrigação legal e 100% não tiveram esses conteúdos durante sua formação docente. Das pessoas entrevistadas, 92,3% se formaram entre 2004 e 2013, isto é, após a LDB tornar obrigatória a inclusão de História e Cultura Afro-Brasileira e Africana nos currículos, sendo 76,9% depois de 2008, quando a inclusão de História e Cultura Indígena foi feita. Porém, 100% não aprenderam nada a esse respeito e a maioria (76,9%) sente a necessidade de formação complementar porque não sabe como atuar.

Outra pesquisa sobre o currículo dos cursos de graduação em Filosofia constatou que no Brasil, até o ano de 2014, somente a Universidade Federal do Recôncavo Baiano (UFRB) tinha uma disciplina específica denominada Filosofia Africana.[3] Outra reclamação dessas professoras e desses professores é a ausência de material didático e paradidático que promova um ensino de Filosofia que atenda minimamente os critérios legais estabelecidos pelo Ministério da Educação (MEC) para Educação das Relações Étnico-Raciais. Ao lado da busca por materiais para uso na sala de aula, aparece a reivindicação pela formação continuada.

---

[3] Essa disciplina foi implantada pelo Prof. Dr. Eduardo David de Oliveira, que coordenou o curso de graduação da UFRB. Eduardo Oliveira é um dos maiores estudiosos de filosofia africana e afro-brasileira no Brasil.

Introdução 17

Definindo limites e temas desta obra

Outro elemento que compõe o elenco de nossa introdução é o título. É importante justificar o porquê do título *Ensino de Filosofia e a Lei 10.639*. Uma leitura da legislação educacional brasileira nos leva à seguinte compreensão: a Lei 11.645/08 altera a Lei 10.639/03, subsumindo esta. Pois bem, em linhas muito gerais, o movimento negro[4] brasileiro, através de estratégias, negociações, ponderações e alianças, protagonizou a formulação da Lei 10.639/03 e o apoio decisivo, cinco anos depois, à Lei 11.645/08. Esta, por sua vez, foi um resultado das articulações dos povos indígenas. As referidas leis instituíram a mudança do Art. 26-A da Lei 9.394/96, a LDB. Portanto, ficou estabelecido que os estudos de História e Cultura Afro-Brasileira, Africana e Indígena são obrigatórios em todas as modalidades de ensino e níveis de educação.

Além de reconhecer sua importância, apoiamos políticas públicas e iniciativas em favor da difusão e da consolidação dos conteúdos de história e culturas indígenas. Porém, neste trabalho, o escopo é exclusivo para História e Cultura Afro--Brasileira e Africana. A leitura do movimento negro e de vários especialistas em educação das relações étnico-raciais é de que o marco simbólico e político da Lei 10.639/03 não deve ser perdido e, neste sentido, não se trata de uma abordagem equívoca que "esquece" que a Lei 10.639/03 teria sido substituída formalmente pela Lei 11.645/08. Mas o uso da

[4] O conceito de movimento negro aqui aparece no singular designando, como diz o Prof. Dr. Amilcar Pereira (2010), historiador da UFRJ, uma série de ações e entidades políticas que se organizam por uma agenda de reinvindicações próximas. Por isso, não usamos movimentos negros no plural.

Lei 10.639/03 é interpretado como um registro político que identifica nesse inciso marco legal, um divisor histórico e político que nasceu de uma agenda do movimento negro. Portanto, não se trata de ignorância legal, mas de opção política e pedagógica fazer uso da Lei 10.639/03 para se referir à História e Cultura Afro-Brasileira e Africana, e da Lei 11.645/08 para se referir somente à História e Cultura Indígena.

O Plano Nacional para Implementação das Diretrizes Curriculares Nacionais para Educação das Relações Étnico-Raciais, lançado em 2008, surgiu para subsidiar, apoiar e regulamentar as ações em prol da modificação das relações étnico-raciais na sociedade brasileira. O documento não deixa dúvidas: toda a sociedade brasileira é destinatária dessas ações. Negras, negros e indígenas não devem ser definidas(os) como agentes exclusivas(os) das políticas em prol de uma educação antirracista.

É importante sublinhar que este trabalho recobre os estudos de História e Cultura Afro-Brasileira e Africana no que diz respeito às suas possibilidades com a presença obrigatória da Filosofia — aqui entendida como disciplina da matriz curricular — no Ensino Médio. Afinal, a presença da Filosofia como disciplina obrigatória se deu perto do fim da primeira década do século XXI. Antes disso, a Filosofia figurou como "curso livre", às vezes como "matéria optativa", entre outras denominações legais. Se levarmos em conta a segunda metade do século XX, as regulamentações do ensino de Filosofia estão presentes na Lei nº 4.024/61, passando pelas Leis 5.692/71 e 7.044/82. Nas três regulamentações, Filosofia é somente sugerida. Com o advento da reforma da LDB em 1996, a disciplina podia fazer parte do currículo diversificado do Ensino Médio conforme deliberação dos

Conselhos Estaduais de Educação. O que fazia com que, em alguns estados da federação, a Filosofia integrasse o currículo, enquanto, em outros, bastava que disciplinas como Geografia e/ou História e/ou Literatura trabalhassem transversalmente alguns de seus conteúdos. Entretanto, foi com a Lei 11.684/ 08 que as dúvidas foram desfeitas e o campo fértil de interpretações ficou reduzido ao dispositivo legal da obrigatoriedade. Porque até 2 de junho de 2008 cada resolução estadual dos Conselhos de Educação era autônoma para justificar se a Filosofia devia ser facultativa ou obrigatória.

O mesmo se aplica à disciplina de Sociologia. Esta também se tornou obrigatória com a mesma mudança da legislação educacional. Com a publicação da Lei 11.684/08, em 3 de junho de 2008, o Art. 36 da Lei 9.394/96 passou a vigorar com um novo inciso, preconizando a obrigatoriedade de Filosofia e Sociologia durante todo o Ensino Médio.

Diante deste quadro, um dos nossos desafios está na articulação de uma dupla obrigatoriedade: (1ª) ensinar Filosofia; (2ª) ensinar e promover relações étnico-raciais equânimes através do estudo de História e Cultura Afro-Brasileira e Africana. Este desafio duplo passa por uma análise filosófica da própria filosofia. O que é próprio da filosofia que pode contribuir para horizontes antirracistas na sociedade brasileira? O que a Filosofia tem a dizer sobre o racismo antinegro? Existem pontos de contato entre a filosofia e a história da África? As culturas africanas e afrodiaspóricas, em especial a afro-brasileira, são relevantes para o entendimento da filosofia? Ou ainda, existe filosofia africana e/ou filosofia afro-brasileira? Em caso afirmativo, a africana e/ou afro-brasileira estaria(m) apta(s) a examinar e discorrer sobre os pontos-chave da educação das relações étnico-raciais? Enfim, este trabalho é, ao mesmo tempo, uma aposta e uma proposta de *polidiálogo*.[5] Uma contribuição e um esforço em favor da visibilidade da Filosofia africana, da Filosofia afrodiaspórica e da Filosofia afro-brasileira para uma educação antirracista.

[5] Por polidiálogo se deve entender, tal como diz o filósofo Mogobe Ramose (1999), um campo policêntrico para um intenso debate intercultural, profícuo em favor do entendimento mútuo e de saídas coletivas.

Capítulo 1
Elementos para uma geopolítica da filosofia: epistemicídio, espaços e diferenças

> *No campo da filosofia também estão a emergir, gradualmente, reflexões em torno do modo como as ideias sobre a espacialidade modelaram o pensamento filosófico. Durante demasiado tempo, a disciplina da filosofia agiu como se o lugar geopolítico e as ideias referentes ao espaço não passassem de características contingentes ao raciocínio filosófico.*
>
> (MALDONADO-TORRES, 2010, p. 397)

Não integra o escopo deste trabalho uma longa digressão genealógica do conceito de *geopolítica*, mas faz-se aqui uma leitura crítica do cânone filosófico em termos geopolíticos, um tipo de geopolítica crítica da filosofia ao invés de uma "egopolítica", tal como descreve Grosfoguel (2010). O que pode ser descrito na interrogação: a produção filosófica pode ser compreendida através de uma geopolítica ou de uma egopolítica? Nossa proposta é a realização de um exercício crítico sobre os sistemas de posições e lugares geopolíticos da produção filosófica, isto é, a problematização da invisibilidade do lugar histórico e político na construção de conhecimento e da pressuposição da neutralidade de um "sujeito universal".

Primeiro é oportuno situar o que aqui entendemos por geopolítica. Conforme Paul Claval (1994), a categoria *geopolítica* foi criada pelo jurista sueco Rudolf Kjellén. Mas assumiu o seu significado mais corrente com o trabalho *La géographie politique: les concepts fondamentaux*, de Friedrich Ratzel (1987). Em linhas gerais, conforme a teoria de Ratzel, geopolítica envolve a gerência do Estado sobre os territórios e as disputas por hegemonia através da expansão em vários domínios, incluindo o cultural. Se, por um lado, a geopolítica indica uma teoria social da guerra, das relações entre Estados e territórios, podemos, tal como sugerem Claval (1994) e Ratzel (1987), empreender uma análise do Estado em termos espaciais, uma geografia do poder na leitura dos processos de expansão e disputa por territórios. Por outro lado, nós estamos plenamente de acordo com Grosfoguel (2010): uma análise das relações entre geopolítica e filosofia é uma abordagem que nos permite vincular o lugar epistêmico étnico-racial, de gênero, espiritual, sexual, geográfico, histórico e social com o sujeito do enunciado, desfazendo a noção de que o discurso filosófico brota de uma "razão universal" imersa num campo neutro de forças. Distante de um campo neutro de forças, podemos dizer que o "sujeito" que filosofa é avaliado de maneiras bem diferentes.

> A filosofia ocidental privilegia a "egopolítica do conhecimento" em desfavor da "geopolítica do conhecimento" e da "corpo-política do

conhecimento". Em termos históricos, isto permitiu ao homem ocidental (esta referência ao sexo masculino é usada intencionalmente) representar o seu conhecimento como o único capaz de alcançar consciência universal, bem como dispensar o conhecimento não ocidental por ser particularístico e, portanto, incapaz de alcançar a universalidade (GROSFOGUEL, 2010, p. 460).

Nesse sentido, a filosofia ocidental seria universal porque trata do Homem. Esse homem é ocidental, branco, civilizado, adulto, heterossexual, culturalmente cristão; ainda que seja "ateu", o "sujeito universal" e porta-voz da filosofia ocidental. O filósofo colombiano Santiago Castro-Gómez (2005) desenvolve uma consistente objeção à universalidade da filosofia ocidental. O conhecimento é um elemento-chave na disputa e na manutenção da hegemonia. Sem dúvida, o estabelecimento do discurso filosófico ocidental como régua privilegiada do pensamento institui uma desigualdade epistemológica. Uma injustiça cognitiva que cria escalas, classes para o pensamento filosófico, estabelecendo o que é mais sofisticado e o que é rústico e com menos valor acadêmico. Essa injustiça cognitiva é capaz de definir *status*, formar opinião e excluir uma quantidade indefinida de trabalhos intelectuais. Nossa leitura é que o racismo é um elemento decisivo para o entendimento do epistemicídio e seus efeitos. A nossa leitura é que o racismo antinegro está atrelado à recusa da filosofia africana.

Racismo e desqualificação de saberes

Carlos Moore, em *Racismo e sociedade* (2007b), faz uma descrição rica em detalhes, argumentando que o racismo antinegro estava presente entre gregos e romanos na Antiguidade. Na perspectiva de Moore, o racismo antinegro seria anterior aos processos de escravização de africanas e africanos iniciado por árabes por volta do século XI e impetrado por europeus sistematicamente a partir do século XV. Não faz parte do escopo deste trabalho confrontar as diversas visões acerca das origens do racismo antinegro. Não é difícil encontrar teses que defendem que o racismo antinegro só surgiu com o tráfico transatlântico. Nosso alinhamento intelectual converge para o ponto de vista que identifica a presença da discriminação racial desde a Antiguidade clássica. Sem dúvida, com o projeto europeu de colonização da África e da América, essa discriminação assumiu novas proporções. O que entre os gregos era uma diferenciação entre os nascidos em território heleno com direito à cidadania e os estrangeiros (bárbaros) assumiu novos contornos. Com efeito, nossos argumentos convergem para a tese defendida por Moore. Nós entendemos que o agravamento desse embate se deu com o advento das guerras de colonização para civilizar os "incivilizados" na Modernidade.

> Os conquistadores da África durante as injustas guerras de colonização se arrogaram a autoridade de definir filosofia. Eles fizeram isto cometendo epistemicídio, ou seja, o assassinato das maneiras de conhecer e agir dos povos africanos conquistados. O epistemicídio não nivelou nem eliminou totalmente as maneiras de conhecer e agir dos povos africanos conquistados, mas introduziu, entretanto, — e numa dimensão muito sustentada através de meios ilícitos e "justos" —, a tensão subsequente na relação entre as filosofias africana e ocidental na África. Um dos pontos fundamentais da argumentação neste ensaio é investi-

gar a fonte de autoridade que supostamente pertence ao Ocidente para definir e descrever, em última instância, o significado de experiência, conhecimento e verdade em nome dos povos africanos (RAMOSE, 2011, p. 9).

Vale a pena registrar que uma especifidade do racismo antinegro é a desumanização radical que se transforma em zoomorfização sistemática. Os povos negros foram interpretados pelos europeus como criaturas sem alma, animalizados, tomados como coisas. O eurocentrismo colonial dividiu os seres humanos em raças e desqualificou todos os povos não europeus; mas isso incluiu algumas gradações. E, sem dúvida, os povos africanos foram designados pelo eurocentrismo como os menos desenvolvidos. A zoomorfização sistemática desses povos foi um elemento decisivo para embasar a escravização negra. Para os europeus os negros eram bárbaros, incivilizados e, portanto, sem "filosofia". No livro *A invenção do ser negro: um percurso das ideias que naturalizaram a inferioridade dos negros*, a professora da Universidade de São Paulo (USP) e doutora em Psicologia Gislene dos Santos (2002, p. 54) elucida muito bem tema: "O tratamento dos europeus para com os africanos diferencia-se do oferecido aos índios da América, que, apesar de serem vistos como primitivos, eram dotados de pureza, algo que não se aplicava aos negros." O médico alemão Carl Gustav Carus (1789-1869) popularizou o seguinte quadro: os povos do dia (caucasiano-europeus e seus descendentes), os povos do crepúsculo oriental (povos da Europa oriental, asiáticos, árabes e seus descendentes), os povos do crepúsculo ocidental (ameríndios e seus descendentes) e os povos da noite (nativos da Oceania, negro-africanos e seus descendentes). Dito de outro modo, conforme os discursos racistas, numa "escala de humanidade", os povos negro-africanos e nativos da Oceania e seus descendentes estariam no degrau mais baixo. Por isso, no meu ponto de vista é muito importante rever as geopolíticas estabelecidas, questionar e rechaçar as cartografias e hierarquizações que insistem em situar a Europa como "centro".

O filósofo porto-riquenho Maldonado-Torres (2010, p. 397) traz uma enorme contribuição para o nosso debate, em seus termos: "Os filósofos e os professores de filosofia tendem a afirmar as suas raízes numa região espiritual invariavelmente descrita em termos geopolíticos: a Europa." O filósofo faz uma nota mencionando que existiram esforços nas décadas de 1970 e 1980, por parte de filósofos latino-americanos, tais como Enrique Dussel, e estadunidenses — neste caso, na solidificação da agenda do pragmatismo filosófico — que buscaram se desvincular da Europa como território exclusivo do pensamento filosófico. Os Estados Unidos da América contribuem com o debate, mas são sem dúvida mais facilmente inseridos no contexto acadêmico da filosofia em relação à América Latina, à Ásia e à África.

A hipótese que vamos examinar é a ideia de colonialidade, que, tal como nos diz o sociólogo peruano Aníbal Quijano, impregna e constitui a produção filosófica hegemônica, fazendo da filosofia acadêmica uma atividade intelectual atravessada pelo racismo epistêmico. Afinal, a colonialidade diz respeito às condições de estabelecimento do capitalismo como padrão de funcionamento mundial, operando através da "imposição de uma classificação racial-étnica da população do mundo" (QUIJANO, 2010, p. 84), incluindo um conjunto de dispositivos que recobre: a) o trabalho e os seus produtos; b) o meio ambiente e os seus recursos de produção; c) o sexo e os seus produtos; d) a subjetividade e os seus produtos — intersubjetivos e materiais; e) a autoridade e os seus instrumentos de regulação das relações sociais (QUIJANO, 2010, p. 88).

No item (c) encontramos o problema do conhecimento, da validade dos saberes e da produção intelectual. Pois bem, a colonização implicou na desconstrução da estrutura social, reduzindo os saberes dos povos colonizados à categoria de crenças ou pseudossaberes sempre lidos a partir da perspectiva eurocêntrica. Essa hegemonia, no caso da colonização do continente africano, passou a desqualificar e invisibilizar os saberes tradicionais, proporcionando uma completa desconsideração do pensamento filosófico desses povos. Neste sentido, o racismo antinegro assume uma categoria específica que se denomina racismo epistêmico.

No *Dicionário Oxford de Filosofia*, organizado por Simon Blackburn (2005), racismo é definido como "inabilidade ou recusa para reconhecer os direitos, as necessidades, a dignidade e os valores de pessoas de um grupo racial particular ou de determinada região geográfica". Aqui, racismo epistêmico remete a um conjunto de dispositivos, práticas e estratégias que recusam a validade das justificativas feitas a partir de referenciais filosóficos, históricos, científicos e culturais que não sejam ocidentais. Em outras palavras, o projeto epistemológico moderno estabeleceu critérios para distinguir o que é conhecimento válido do que não é conhecimento. Com isso, o conhecimento gestado dentro de um desenho geopolítico ocidental é privilegiado em relação aos outros. No caso específico da filosofia, o racismo epistêmico sustenta que apenas o mundo ocidental[6] pode garantir a *fi-*

---

[6] Inicialmente significando a Europa e, a partir do século XX, incluindo os Estados Unidos da América. Nós podemos considerar que o padrão ▶

losoficidade de um saber. Vale dizer que por filosoficidade se deve entender aquilo que diferencia um saber filosófico de saberes que não são filosóficos.

Colonialidade, eurocentrismo e filosofia

O problema está nas bases eurocêntricas desse discurso. Se um saber só pode ser efetivamente filosófico, isto é, preencher os critérios específicos que diferenciam a filosofia dos outros saberes — a filosoficidade — através das condições geopolíticas de sua produção — a saber: condições ocidentais —, a filosofia precisaria estar sempre ligada, articulada ou mantendo algum tipo de diálogo com pressupostos e temas erigidos pelos gregos. Eu rechaço esse raciocínio e trago outro argumento para a nossa pesquisa. Se a filosofia ocidental tem historicamente sido constituída por uma visão etnocêntrica — no caso, o eurocentrismo ou eurocentricidade —, essa visão tenderia a excluir outros estilos, linhas e abordagens filosóficos, negando a legitimidade epistemológica dessas abordagens filosóficas que não são ocidentais.

É oportuno fazer um exercício filosófico de análise das relações entre colonialidade, eurocentrismo e filosofia, o que é indispensável para avançarmos em busca de outras cartografias diferentes e de geopolíticas que problematizem a perpetuação das relações assimétricas de poder. Porém, é importante considerar uma tese geral que atravessa vários argumentos em favor da filosofia como matéria exclusiva do Ocidente, tal

◄ ocidental é hegemônico no mundo todo, e, em certa medida, com a globalização, todas as sociedades seriam "ocidentais"; mas vale destacar que os padrões ocidentais são gestados, difundidos, defendidos e postos em circulação através das políticas econômica, de conhecimento, estética, cultural, etc. da Europa e dos Estados Unidos da América.

como faz notar Appiah (1997) através da problematização em torno do próprio valor e da relevância de alguns saberes africanos serem registrados como filosóficos. A tese é a mesma defendida por muitos filósofos e muitas filósofas no mundo inteiro, por exemplo, em relação a determinados saberes orientais, asiáticos, indígenas e ameríndios. Não existiriam razões efetivamente relevantes para designar o pensamento africano como filosofia africana ou denominar o pensamento oriental como filosofia oriental, e assim por diante. Talvez nada além do reconhecido *status* acadêmico que o cânone filosófico possui no Ocidente teria movido filósofos e filósofas de origem africana, por exemplo, a defender a existência da filosofia africana. Em outros termos, enquadrar o pensamento africano sob a alcunha da filosofia pode ser percebido como um tipo de reducionismo. Com efeito, vale considerar as diferentes leituras em busca de ampliar os horizontes acerca da legitimidade epistêmica da filosofia africana.

Os manuais de história da filosofia, em sua maioria, concordam quando se trata de fazer o registro do "nascimento" do pensamento filosófico. A hipótese mais aceita é a da certidão grega. O modo menos polêmico gira em torno de um "cadastro" feito por volta do século VI. A.E.C. na Grécia Antiga, com a patente de primeiro filósofo conferida para Tales de Mileto. E, ainda que existam algumas divergências entre historiadoras(es) da filosofia, esta não deixaria de ser grega porque, se não for de Tales de Mileto, o posto de primeiro filósofo seria de Sócrates ou de Platão. A pergunta que quero compartilhar é muito simples, mas precisa de leitoras e de leitores despidos de preconcepções acerca da história da filosofia. Eis a questão: é possível falar da filosofia fora de um desenho geopolítico europeu?

Pois bem, é importante interrogar a validade da assertiva: a filosofia é exclusivamente ocidental, nascida grega e desenvolvida na Europa. Eu advogo que o eurocentrismo e a colonialidade são elementos-chave para o entendimento da ideia de que a filosofia é uma "versão" do pensamento humano exclusivamente europeia. A defesa da noção de que os europeus e o seu projeto civilizatório seriam necessariamente superiores aos de outros povos, numa escala hierárquica que, invariavelmente, localiza a África e sua diáspora na parte mais baixa dessa "escala", está presente nos textos de muitos filósofos europeus. O filósofo alemão Immanuel Kant (1724-1804) foi enfático na sua descrição sobre os povos negro-africanos:

> Os negros da África não possuem, por natureza, nenhum sentimento que se eleve acima do ridículo. O senhor Hume desafia qualquer um a citar um único exemplo em que um negro tenha mostrado talentos e afirma: dentre os milhões de pretos que foram deportados de seus países, não obstante muitos deles terem sido postos em liberdade, não se encontrou um único sequer que apresentasse algo grandioso na arte ou na ciência, ou em qualquer outra aptidão; já entre os brancos, constantemente arrojam-se aqueles que, saídos da plebe mais baixa, adquirem no mundo certo prestígio, por força de dons excelentes. Tão essencial é a diferença entre essas duas raças humanas que parece ser tão grande em relação às capacidades mentais quanto à diferença de cores. A religião do fetiche, tão difundida entre eles, talvez seja uma espécie de idolatria, que se aprofunda tanto no ridículo quanto parece possível à natureza humana. A pluma de um pássaro, o chifre de uma vaca, uma concha, ou qualquer outra coisa ordinária, tão logo seja consagrada por algumas palavras, tornam-se objeto de adoração e invocação nos esconju-

ros. Os negros são muito vaidosos, mas à sua própria maneira, e tão matraqueadores que se deve dispersá-los a pauladas. (KANT, 1993, p. 75-76)

Outro filósofo alemão, Georg W. Friedrich Hegel (1770--1831), não foi menos categórico na defesa do eurocentrismo e na inferiorização negro-africana.

[...] a principal característica dos negros é que sua consciência ainda não atingiu a intuição de qualquer objetividade fixa, como Deus, como leis [...] negro representa, como já foi dito, o homem natural, selvagem e indomável [...]. Neles, nada evoca a ideia do caráter humano [...]. Entre os negros, os sentimentos morais são totalmente fracos — ou, para ser mais exato, inexistentes. (HEGEL, 1999, p. 83-86)

O iluminista Voltaire (1694-1778), filósofo relevante para o entendimento de ideias republicanas, um dos precursores da defesa da liberdade de expressão e dos direitos civis, escreveu em *Tratado de metafísica* (1984, p. 62): "Examino um filhote de negro de seis meses, um elefantezinho, um macaquinho, [...] um animal que caminha sobre duas patas, [...] provido de um pouco mais de ideias."

A nossa crítica caminha no seguinte sentido: uma boa leitura desses filósofos, assim como de todos os pensadores ocidentais, não pode entender o eurocentrismo de suas obras como contingente ou um tipo de penduricalho de pouca ou nenhuma relevância. Porém, apesar do etnocentrismo não servir como critério para o abandono das contribuições filosóficas de Kant, Hegel, Voltaire e de outros tantos filósofos, não é adequado desconsiderar o racismo epistêmico como um viés decisivo para entender esses trabalhos e seus desdobramentos. Ou seja, um raciocínio ligeiro que aponte a *razão universal* do Iluminismo como *branca* e *masculina* não pode ser tomado como equívoco interpretativo sem uma leitura verdadeiramente crítica de filósofos que foram e ainda são endeusados por muita gente no mundo acadêmico. Porque, apesar da proposta de "universalidade", estamos diante de uma "razão metonímica" (que toma a parte pelo todo). Num outro registro, como diz o sociólogo Boaventura Santos (2010), a razão metonímica é dicotômica e hierarquizante, opõe civilizado e bárbaro; culto e ignorante; branco e negro; masculino e feminino; heterossexual e diversidade sexual; adulto e criança; e assim por diante. A razão metonímica, que está na base de alguns argumentos filosóficos, é sempre um instrumento epistemicida, isto é, desqualifica e recusa os saberes que não se enquadram em seus registros. Para dizer de outro modo, o que está em jogo aqui é uma briga contra a colonização do pensamento. Por isso, um exercício filosófico interessado no pluralismo de perspectivas epistêmicas precisa se defrontar com o etnocentrismo europeu que perpassa a filosofia.

O filósofo sul-africano Mogobe Ramose tem feito um vigoroso trabalho sobre a filosofia ubuntu, ele se doutorou em Filosofia pela Katholieke Universiteit Leuven, da Bélgica, e trabalha na Universidade da África do Sul (Unisa).

Outra crítica interessante à universalidade está na formulação do filósofo sul-africano Mogobe Ramose. Considerando que "universal" pode ser lido como uma composição do latim *unius* (um) e *versus* (alternativa de...), fica claro que o universal, como um e o mesmo, contradiz a ideia de contraste ou alternativa inerente à palavra *versus*. A contradição ressalta o um, para a exclusão total do outro lado. Este parece ser o sentido dominante do universal, mesmo em nosso tempo. Mas a contradição é repulsiva para a lógica. Uma das maneiras de resolver esta contradição é introduzir o conceito de pluriversalidade.

> Deve-se notar que o conceito de universalidade era corrente quando a ciência entendia o cosmos como um todo dotado de um centro. Entretanto, a ciência subsequente destacou que o universo não possui um centro. Isto implicou na mudança do paradigma, culminando na concepção do cosmos como um pluriverso. Parece que a resistência do "universo" mostra uma falha que aponta para o reconhecimento da necessidade de um deslocamento do paradigma. Neste ensaio optamos por adotar esta mudança de paradigma e falar de pluriverso, ao invés de universo (RAMOSE, 2011, p. 10).

Por um lado, os desdobramentos do argumento ramoseano trazem à tona a compreensão de que pluriverso, assim como pluriversalidade, tem um alcance maior do que universo e universalidade, na medida em que o paradigma da pluriversalidade é um modelo aberto que inclui a universalidade. O conceito de pluriversal não se opõe ao de universal; distante da lógica dicotômica — "ou isso ou aquilo" —, a pluriversalidade nos convida a pensar usando a tática da inclusão — "isso e aquilo". Em outras palavras, existem vários universos culturais, não existe um sistema único organizado em centro e periferias, mas um conjunto de sistemas policêntricos em que *centro* e *periferias* são contextuais, relativos e politicamente construídos.

Outro registro deste problema pode ser elucidado na formulação de um filósofo queniano contemporâneo, Dismas Masolo (2010). Ele problematiza a ideia de racionalidade, situando as pessoas em duas categorias: 1ª) pessoas monorracionais; 2ª) pessoas polirracionais. No primeiro caso, as pessoas estão habituadas a usarem um modelo de racionalidade apenas. No segundo, estamos tratando de pessoas que usam dois ou mais modelos de racionalidade. Para Masolo (2010), o conceito de razão remete a um conjunto de racionalidades, trazendo à tona contextos culturais e perspectivas históricas.

A filósofa da ciência Helen Verran tem um trabalho muito interessante que também lança luz sobre esse assunto. Em *Science and an african logic*, sustenta que a cultura tem papel determinante no modelo de racionalidade. Verran (2001) explica que os modelos ocidentais têm sido privilegiados indevidamente em relação aos outros modelos de racionalidade, o que gera desconforto e indisposição nas pessoas monorracionais quando são confrontadas com outros modelos de racionalidades. Neste sentido, a dificuldade de filósofas/os que fazem a historiografia do pensamento filosófico mundial estaria em não conseguir "aceitar" ou "reconhecer" filosofias que são baseadas em modelos de racionalidades que não sejam ocidentais.

Sem dúvida, após a rápida exposição dos conceitos de pluriversalidade e polirracionalidade, muitas pessoas poderiam tomar essas noções que usei para defender o pluralismo intelectual e a diversidade de filosofias contra a filosofia africana. Minha réplica advoga justamente que, através da pluriversalidade, da polirracionalidade e do reconhecimento da humanidade de todos os povos, dentro de uma perspectiva pluriversal, todos os saberes emergem de contextos culturais específicos, isto é, adventos locais que, por conta do seu caráter humano, podem ser validados em outros contextos culturais. Por exemplo, uma visão pluriversal rechaça a ideia de que um povo possa ter inventado a *música*. Ora, em determinados contextos culturais surgiram gêneros, estilos, formas, formatos musicais, como o samba e o *rock*; mas não podemos subsumir a música a um deles. O mesmo deve se aplicar à filosofia. Por isso, tomar a filosofia da Grécia Antiga como o único protótipo ou modelo de filosofia é tão equívoco como restringir a música à bossa-nova. Adiante retomaremos esse tópico.

É relevante dizer que nós não encontramos muitos trabalhos que abordem filosoficamente o etnocentrismo europeu; mas uma pesquisa ligeira sobre os temas abordados por filósofas e filósofos modernas(os) e contemporâneas(os), realizada pelo Afrosin no primeiro semestre de 2011, informa que a quantidade de filósofos ocidentais que fizeram ensaios para analisar criticamente o racismo antinegro é ainda menor.

Jean-Paul Sartre (1905-1980) escreveu *Reflexões sobre o racismo* (1978). O livro conta com dois ensaios, *Reflexões sobre a questão judaica*, com 83 páginas, e *Orfeu negro*, com 36 páginas. Apesar de o fôlego para objetar o racismo antinegro ser mais modesto do que o seu empenho na crítica ao antissemitismo, Sartre registrou: "Um judeu, branco entre os brancos, pode negar que seja judeu, declarar-se homem entre homens. O negro não pode negar que seja negro ou reclamar para si esta abstrata humanidade incolor" (SARTRE, 1978, p. 94). O filósofo francês reconheceu que o racismo antinegro tem uma característica peculiar: "Os negros não se encontram senão no terreno cheio de armadilhas que o branco lhes preparou: entre colonizados, o colono se arrumou de modo a ser o eterno mediador" (idem, p. 99).

De volta aos argumentos de Kant e de Hegel, é preciso observar que não se trata de um mero deslize etnocêntrico próprio dos contextos intelectuais de cada época. O epistemicídio está presente nas abordagens filosóficas clássicas. E mesmo a maioria dos filósofos contemporâneos de linhas diferentes e críticos de suas próprias condições históricas, comprometidos, em maior ou menor grau, com uma agenda epistemológica e política antirreacionária e "progressista", tais como Michel Foucault (1925-1984), Gilles Deleuze (1924-1995), Jürguen Habermas (1929) e Jacques Derrida (1930-2004), entre outros, ainda seriam adeptos da lógica eurocêntrica. Deleuze tem uma filosofia instigante: seus escritos são denominados "filosofia da diferença". Mas o filósofo francês não consegue se desfazer de uma posição geopolítica eurocêntrica e conservadora quando a questão é dizer quem tem o direito de se arvorar "criador da filosofia".

> Se a filosofia tem uma origem grega, como é certo dizê-lo, é porque a cidade, ao contrário dos impérios ou dos estados, inventa o agôn como regra de uma sociedade de "amigos", a comunidade dos homens livres enquanto rivais (cidadãos) (DELEUZE; GUATTARI, 1992, p. 15).

Na África Central existiam cidades altamente urbanizadas no séc. V A.E.C. Os povos bantos eram donos de sofisticada tecnologia siderúrgica bem antes das invasões europeias (M'BOKOLO, 2009). O reino do Congo era um Estado altamente sofisticado. Os filósofos europeus parecem desconhecer até mesmo superficialmente a história da África.

Nos séculos XII a XIV, a cidade de Tombuctu era mais escolarizada que a maioria das cidades análogas da Europa. Escolarizada em área árabe, bem entendido, mas, por vezes, as línguas subsaarianas também eram expressas na escrita árabe. Aí lecionavam cientistas e professores do Ensino Superior que eram tão estimados no mundo da *Intelligentsia*[7]— tanto na África quanto no mundo Árabe e da Europa — que os discípulos atravessavam o Saara para ouvir os Mestres de Tombuctu, Djenne e Gaô (KI--ZERBO, 2006, p. 24).

É plausível afirmar que a profunda ignorância dos filósofos ocidentais, associada ao conforto de não problematizar as bases do seu pensamento, é responsável pela manutenção de uma estrutura eurocêntrica com centro e periferias, zonas urbanizadas de pensamento filosófico e subúrbios imersos em ignorância filosófica. Outra explicação é o conforto do "senso comum", recusando a capacidade de espanto e admiração que o estagirita Aristóteles dizia ser o motivador da filosofia. Ora, os filósofos contemporâneos mais criativos, polêmicos, instigantes e que se envolvem em intensos debates, colocando argumentos de todos os tipos em xeque, parecem ainda estar presos no eurocentrismo, sem se dar

---

[7] Termo criado na Rússia Czarista, que designa uma elite intelectual constituída como classe social.

conta dessa condição geopolítica e da injustiça cognitiva da qual ela é fiadora.

Eu endosso a observação de Maldonado-Torres (2010, p. 436): "Habermas e Derrida apelam quando muito a uma crítica eurocêntrica do eurocentrismo." O mesmo se dá com Slavoj Zizek (2003), filósofo eslavo, e Toni Negri, filósofo italiano, que fazem críticas consistentes ao capitalismo, aos processos contemporâneos de dominação e exploração. Apesar de ambos endereçarem duras críticas ao capitalismo, não conseguem problematizar o Ocidente com a mesma radicalidade com que rechaçam os seus efeitos. De um modo geral, mesmo os filósofos ocidentais que se colocam mais criticamente diante da globalização e do capitalismo permanecem "reféns" do eurocentrismo. Por exemplo, o filósofo eslavo é enfático no livro *The puppet and the dwarf: the perverse core of christianity*, no capítulo *Thrilling romance orthodoxy*, dizendo que, para afirmar radicalmente o materialismo dialético, é preciso articulá-lo com a experiência cristã.

> O radicalismo, porém, não esconde a dimensão do racismo epistêmico, tal como sugestivas análises do problema da tecnologia e do niilismo por parte de Heidegger não o escondiam. Este racismo é evidente [...]. Uma vez que na obra de Zizek nunca aflora a ideia de que poderiam existir opções políticas verdadeiramente radicais para além dos horizontes do materialismo dialético, depreende-se que o cristianismo é a única fonte de verdadeiro radicalismo. Isto explica, entre outras coisas, o modo como o autor encara o budismo. (MALDONADO-TORRES, 2010, p. 428-429)

Zizek (2003) diz que o budismo é politicamente pouco transformador e revolucionário se for comparado ao cristianismo. Porque é baseado na indiferença. De que budismo Zizek está falando? O que pode subsidiar essa interpretação que sustenta que o budismo não é tão "bom" politicamente quanto o cristianismo? Ora, Zizek, assim como a maioria das filósofas e filósofos ocidentais, parece desconhecer o potencial político transformador do budismo, fazendo uma leitura enviesada que não escapa do racismo epistêmico. Eu estou de acordo com Maldonado-Torres: a maioria dos filósofos ocidentais, mesmo quando estes são críticos da modernidade ocidental e propõem novas configurações políticas, se mantém dentro de uma lógica da colonialidade. "Ao invés de desafiarem as geopolíticas racistas do conhecimento que se tornaram tão centrais no discurso ocidental, eles perpetuam-nas por outros meios" (MALDONADO-TORRES, 2010, p. 436) ao invés de rechaçá-las e buscar outras geopolíticas. É contra o renitente projeto eurocêntrico formado por três grandes *linhas* da filosofia ocidental contemporânea — a continental, a analítica e o pragmatismo[8] —, que propomos uma geopolítica africana e afrodiaspórica.

---

[8] As três grandes linhas da filosofia não são os únicos modos possíveis de fazer investigações filosóficas. Apenas têm sido os modos hegemônicos dentro dos Departamentos de Filosofia da maioria das Universidades. O que para os fins deste trabalho é o mais adequado. Vale mencionar que a tradição analítica e o pragmatismo dialogam e, em certa medida, guardariam mais heranças e semelhanças entre si do que com a tradição continental. Mas, sem dúvida, existem muitos outros modos de fazer filosofia, como a filosofia da ciência em suas múltiplas variações, a subárea da Lógica e os trabalhos pluralistas que articulam todas as vertentes de diversos modos, entre outros. Longe de uma redução, o quadro é, apenas, um retrato da oferta dominante da formação acadêmica na área de Filosofia, a ser seguido ao longo do texto para caracterizar a formação.

Pela descolonização do pensamento

Frantz Fanon era médico psiquiatra, obteve sólida formação filosófica, faleceu jovem aos 36 anos, deixando três escritos: *Pele negra, máscaras brancas*; *Os condenados da terra* e *Sociologia da revolução africana*.[9]

O filósofo martinicano Frantz Fanon é um precursor importante da descolonização do pensamento. Com o livro *Os condenados da terra* (2008), resultado de uma releitura das lutas anticoloniais africanas, ele traz um vigoroso trabalho que denuncia a geopolítica da exclusão. O filósofo se refere mais especificamente aos povos africanos e aos herdeiros da afrodiáspora.

É importante especificar afrodiáspora conceitualmente. Por afrodiáspora se deve entender toda região fora do continente africano formada por povos africanos e seus descendentes, seja pela escravização entre os séculos XV e XIX, seja pelos processos migratórios do século XX. Ou seja, considerando a divisão do continente africano em cinco regiões — África Setentrional, África Ocidental, África Oriental, África Central e África Meridional —, podemos nomear aqui a reorganização em outros continentes como a sexta região, a afrodiáspora: a "África fora do continente", sua cultura e sua história.

---

[9] Este último permanecia até 2013 sem tradução para o português.

A afrodiáspora inclui os processos de escravização, a colonização, as migrações forçadas e o desmantelamento das estruturas políticas no continente africano, os seus processos históricos e desdobramentos, assim como as implicações da escravização impetrada por árabes e europeus sobre povos negro-africanos a partir do século VIII,[10] as migrações forçadas de povos negro-africanos na condição de pessoas escravizadas, inicialmente para o próprio continente europeu e, em seguida, para colônias europeias entre os séculos IX e XIX, além das relações entre elites europeias e classes dirigentes africanas. Com a cumplicidade de setores dessas elites africanas, foram estabelecidas relações assimétricas que foram decisivas no estabelecimento do modelo europeu de Estado-Nação e no subdesenvolvimento dos países africanos no cenário mundial. Vale reiterar que o aspecto da afrodiáspora que está sendo destacado neste trabalho é a discriminação negativa e a desqualificação endereçada às produções intelectuais de povos africanos e seus descendentes no mundo inteiro, o racismo epistêmico. Em outros termos, afrodiáspora inclui séculos de disputas em que parte das elites africanas estabeleceu comércio com elites árabes e europeias, firmando acordos assimétricos que colocaram o continente em desvantagem política, econômica, cultural, social e epistemológica em relação à Europa e à cultura ocidental em geral. Moore (2008) também observa que uma parcela das elites africanas foi corrompida e cúmplice da escravização negra e da colonização. A afrodiáspora não é um conceito romântico e alusivo à dispersão e às migrações

---

[10] Ver Moore (2008a, 2008b). O pensador cubano-jamaicano explica como os árabes foram protagonistas da escravização negro-africana antes dos europeus e como os valores culturais das sociedades árabes estavam permeados de racismo antinegro.

forçadas por razões de dissensos políticos apenas. O conceito de afrodiáspora inclui os agenciamentos entre elites europeias e africanas, assim como as contradições e tensões entre povos africanos, a colonização e as relações étnico-raciais nos países da América marcadas pela branquidade.

De volta às contribuições de Fanon, com base na leitura de seus estudos é possível traçar orientações antirracistas e desenhar algumas condições de possibilidade contra o racismo epistêmico. Nos livros *Pele negra, máscaras brancas* (2008) e *Os condenados da terra* (2006) — o primeiro lançado em 1952, o segundo escrito em 1961 e publicado após a morte de Fanon —, o filósofo antilhano critica a articulação entre raça e espaço e suas implicações, além de analisar as pressões assimilacionistas da colonização que reitera de diversas formas que, quanto mais negras e negros rejeitarem sua ancestralidade, mais a produção cultural de seus povos, a branquidade e a "civilidade" estarão próximas (FANON, 2008, p. 34). A recusa desse estigma atravessa os trabalhos de Fanon por meio de um questionamento profundo das bases da colonização. O eurocentrismo que atravessa a filosofia, assim como os outros saberes, de modo explícito ou não, tem declarado que os espaços periféricos são palco de uma condenação natural, a incapacidade de pensar o mundo em parâmetros "adequados".

Pois bem, se o cosmopolitismo descolonial de Fanon lança bases promissoras contra o racismo epistêmico, é porque percebe uma falácia-chave do Ocidente: o mundo não poderia funcionar sem suas bases. Ao invés de "dar primazia à busca de raízes na Europa ou noutro lado qualquer, a consciência descolonial de Fanon pretende deslocar" (MALDONADO-TORRES, 2010, p. 409) os *condenados da terra* das circunstâncias de subordinação, denunciando a estratégia da colonização de convencer os povos nativos de que estariam perdidos sem os valores e os saberes ocidentais. Fanon conclama suas leitoras e leitores a dissociar o conhecimento nativo da ignorância, confusão propositalmente enunciada e articulada pela ideologia da colonização. Fanon denunciou o discurso eurocêntrico que insistia em denominar as colônias de: terras sem saber, estéreis para o conhecimento válido das ciências e da Filosofia. Numa frase, propôs a descolonização do pensamento.

Afinal, a aparente neutralidade do discurso filosófico ocidental esconde categorias próprias da lógica colonial, do império, das raízes da modernidade (do modo como foi apresentada acima) que podem ser subsumidas pela ideia de subalternização epistêmica baseada em critérios de raça. É tão contra o epistemicídio, especialmente contra a desqualificação epistêmica que invisibilizou as produções africanas, que achou oportuno propor uma geopolítica em favor da diferença. O desenho dessa composição geopolítica precisa contar com o ingrediente da equanimidade, a dissolução do "centro" e das "periferias". O que pode começar por uma "nova" história da filosofia. Uma historiografia filosófica antirracista, receptiva aos debates feitos por escolas filosóficas africanas durante séculos, muito antes das relações políticas e econômicas terem sido estabelecidas com a Europa. E também por uma disposição para considerar a relevância, de forma equânime, da contribuição filosófica de trabalhos críticos do racismo epistêmico.

Capítulo 2
Elementos para uma história da filosofia em afroperspectiva

A galinha-d'angola é o animal que retrata bem o espírito da filosofia, pois cisca de um lado para outro procurando sementes, comidas, "ideias".

Renato Noguera[11]

Para uma releitura da história da filosofia é conveniente explicitar o que significa uma abordagem afroperspectivista. O que quer dizer filosofia afroperspectivista (também denominada afroperspectividade)? Em linhas muito gerais, afroperspectividade significa uma linha ou abordagem filosófica pluralista que reconhece a existência de várias perspectivas. Sua base é demarcada por repertórios africanos, afrodiaspóricos, indígenas e ameríndios.

---

[11] Trecho de comunicação proferida no dia 5 de outubro de 2010 no XIV Congresso da Associação Nacional de Pós-Graduação em Filosofia (Anpof).

Referências afroperspectivistas

O que aqui denominamos filosofia afroperspectivista é uma maneira de abordar as questões que passam por três referências: 1ª) quilombismo; 2ª) afrocentricidade; 3ª) perspectivismo ameríndio. A formulação política do quilombismo de Abdias do Nascimento e alguns aspectos da formulação intelectual feita por Molefi Asante, articulados com certas questões suscitadas pela etnologia amazônica de Eduardo Viveiros de Castro, são as fontes do que denomino filosofia afroperspectivista.

Quilombismo

Para Abdias do Nascimento, autor responsável pela defesa argumentativa do quilombismo como posição intelectual e política, a grande questão é a descolonização mental. Nascimento pretende criticar o menticídio — assassinato no arcabouço cognitivo e intelectual que emerge ao lado do racismo antinegro. O que o quilombismo pretende é introduzir uma lógica política pan-africana que se oriente politicamente além do modelo capitalista. Nascimento diz que é preciso

> tornar contemporâneas as culturas africanas e negras na dinâmica de uma cultura pan-africana mundial, progressista e anticapitalista me parece ser o objetivo primário, a tarefa básica que a história espera de nós todos. Como integral instrumento de uma contínua luta contra o imperialismo e o neocolonialismo [...] essa cultura progressista pan-africana será elemento primordial de nossa libertação (NASCIMENTO, 1980, p. 45).

Capítulo 2   47

É importante uma ressalva. O quilombismo é uma releitura do pan-africanismo que, apesar da crítica ao capitalismo, não significa adesão ao socialismo. O comunitarismo não se assemelha ao comunismo de Marx. Afinal, segundo Moore (2010), Marx usa bases epistemológicas racistas e opera dentro de uma lógica supremacista branca. O quilombismo se assenta numa cosmovisão que tem nas sociedades ancestrais africanas um importante cânone. Ora, esse cânone está longe das ideologias românticas de *salvação* ou síntese dialética, mas se encontra dentro de um entendimento de que a filosofia política sempre passa por uma cosmovisão espiritual.[12] O quilombismo é a espinha dorsal política que dá o sul da afroperspectividade. Uma proposição política que está além da esquerda e da direita. "Quilombo não significa escravo fugido. Quilombo quer dizer reunião fraterna e livre, solidariedade, convivência, comunhão existencial. (...) Como sistema econômico o quilombismo tem sido a adequação ao meio brasileiro do comunitarismo ou ujamaaísmo" (NASCIMENTO, 2002, p. 212-273). *Ujamaa* é um termo da língua suaíli que integra o *Nguzo Saba*, os sete princípios da tradição banto. O termo circunscreve a interdependência e a capacidade de compartilhar recursos. Os sete princípios são: Umoja (unidade): empenhar-se pela comunidade; Kujichagulia (autodeterminação): definir a nós mesmos e falar por nós; Ujima (trabalho e responsabilidade coletivos): construir e unir a comunidade, perceber como nossos os problemas dos outros e resolvê-los em conjunto; Ujamaa (economia cooperativa): interdependência financeira, recursos compartilhados; Nia (propósito): transformar em vocação coletiva a construção e o desenvolvimento da comunidade de

---

[12] Assunto que, pelo escopo deste livro, não será alvo de longas considerações.

modo harmônico; Kuumba (criatividade): trabalhar para que a comunidade se torne mais bela do que quando foi herdada; Irani (fé): acreditar em nossas(os) mestres. Abdias do Nascimento entende o quilombismo como "uma forma de libertação humana" (NASCIMENTO, 2002, p. 273).

Afrocentricidade

O entendimento da afrocentricidade passa pelo conceito de "centricidade". Para Asante, centricidade diz respeito à capacidade de estar dentro do seu próprio contexto cultural e histórico. Afrocentricidade significa que africanas e africanos devem buscar se localizar dentro de uma perspectiva africana. Em outras palavras, a afrocentricidade é uma teoria e um método que surge como resistência antirracista, procurando recolocar os povos negros dentro de seus contextos históricos e culturais depois de um deslocamento provocado pelo racismo antinegro. É importante ressalvar que a afrocentricidade é "uma ideia fundamentalmente perspectivista" (ASANTE, 2009, p. 96).

Deve-se enfatizar que afrocentricidade *não* é uma versão negra do eurocentrismo (ASANTE, 1987). Eurocentrismo está assentado sobre noções de supremacia branca que foram propostas para proteção, privilégio e vantagens da população branca na educação, na economia, na política e assim por diante. De modo distinto do eurocentrismo, a afrocentricidade condena a valorização etnocêntrica às custas da degradação das perspectivas de outros grupos. Além disso, o eurocentrismo apresenta a história particular e a realidade dos europeus como o conjunto de toda a experiência humana (ASANTE, 1987). O eurocentrismo impõe suas realidades como sendo "universais", isto é, apresentando o branco como se fosse a condição humana, enquanto todo não branco é visto como um grupo específico, por conseguinte, como não humano (ASANTE, 1991, p. 171).

As ideias de universalidade e objetividade são duramente confrontadas pela perspectiva da afrocentricidade. Para Asante, é importante perguntar qual é a localização histórica, cultural e psicológica de todas as leituras intelectuais e intervenções políticas, tendo como meta a *agência*, isto é, carrear todos os recursos em favor da liberdade, da justiça e da autonomia.

Perspectivismo ameríndio

O antropólogo brasileiro Eduardo Viveiros de Castro traz uma ideia que, à primeira vista, pode parecer uma simples inversão. De encontro à visão multiculturalista, Viveiros de Castro nos brinda com o que denomina multinaturalismo. Para o antropólogo, ao invés de supor, tal como na cosmovisão ocidental, uma natureza e diversas culturas, dentro da cosmovisão ameríndia existe uma única cultura compartilhada por todos os seres humanos, povos e os outros animais, mas muitas naturezas. Pois bem, não vamos nos alongar na explicação do multinaturalismo. A chave para a leitura do perspectivismo ameríndio está na definição da perspectividade como capacidade ou potência para ocupar outro ponto de vista, isto é, o multinaturalismo remete a práticas corporais. Não se trata de uma diversidade cultural, tampouco o corpo entendido como "uma fisiologia distinta ou uma anatomia característica; é um conjunto de maneiras e modos de ser que constituem um *habitus*, um *ethos*" (VIVEIROS DE CASTRO, 2009, p. 40).

Roda de filosofia

Portanto, a filosofia afroperspectivista é devedora da afrocentricidade, do perspectivismo ameríndio e do quilombismo, uma maneira de filosofar que parte de um pressuposto geopolítico de que grupos humanos se organizam em busca de hegemonia. A disputa acadêmica — e, de modo mais geral, toda querela intelectual — faz parte de agendas políticas. Nosso intuito é favorecer uma política intelectual que amplie as possibilidades.

A filosofia afroperspectivista usa a roda como método de exercício filosófico, um "modelo" inspirado em rodas de samba, candomblé, umbanda, jongo e capoeira, que serve para colocar as mais variadas perspectivas na roda antes de uma alternativa ser alcançada. A roda de filosofia é uma proposta de pesquisa realizada pelo autor com professores(as) da rede pública estadual fluminense e estudantes de filosofia de várias instituições. Eu pensei nessa possibilidade de roda de filosofia e organizei as primeiras em conjunto com outros três professores de filosofia: Wallace Lopes, Marcelo Moraes e Felipe Filósofo, este último compositor e partideiro.

A roda de filosofia é o cerne do eixo metodológico da filosofia afroperspectivista. O seu funcionamento é semelhante ao exercício de versar nas rodas de partido-alto, em que cada partideiro ou partideira clama um verso que serve de razão para ser confrontado ou apoiado por outra(o) partideira(o). No caso da roda de filosofia, as ideias são apresentadas pelas pessoas que integram a roda, e o embate intelectual segue como base para um texto coletivo. Cada pessoa apresenta o seu argumento dentro da roda e procura responder as contradições de modo resumido, com conceitos ancorados em argumentos trabalhados numa métrica filosófica afroperspectivista. O texto coletivo é o resultado da roda, sempre assinado pelos vários parceiros de caminhada filosófica.

Para conhecer melhor essa metodologia, vale a pena ler o livro *Sambo, logo penso: afroperspectivas filosóficas para pensar o samba*, organizado por Wallace Lopes.[13] Nesse livro, um capítulo apresenta com mais detalhes especificamente as relações entre samba e filosofia, explicando o método da roda. A roda de filosofia é uma atividade em que a dimensão intelectual e o aspecto artístico ficam indissociados: reflexão, criatividade, inflexão, racionalidades, imaginação e juízo crítico ocupam o mesmo plano. Em outros termos, um assunto é posto para a roda e cada *filosofeira(o)*, filósofa(o) que usa dos meios de partideira(o), traz um verso, as frases são gravadas tendo como base um cavaquinho e instrumentos de percussão. Por fim, um texto coletivo é construído.

O eurocentrismo em xeque

A partir de uma abordagem afroperspectivista, deve ser feito um esforço pela revisão responsável e cautelosa da historiografia filosófica e das fontes que informam que textos filosó-

---

[13] Wallace Lopes Silva é pesquisador ligado ao Afrosin. A obra citada foi o resultado do *Seminário Filosofia Canta o Samba*, realizado pelo Centro Acadêmico de Filosofia da UERJ em 2012. A produção coletiva de um grupo de alunos do curso de Filosofia foi aprovada, em 2013, na seleção do Edital de chamada para coedição de livros de autores negros da Fundação Biblioteca Nacional e do Ministério da Cultura, conquistando o quarto lugar.

ficos anteriores aos gregos não são quimeras ou suposições. É de extrema relevância uma leitura antirracista para lançar luz em pontos cegos desse debate. Este exercício de investigação crítica, que problematiza as próprias bases da filosofia ocidental, é muitíssimo importante para a abertura de novas possibilidades epistêmicas ou o reconhecimento de outras modalidades filosóficas de pensamento. O que passa pela revisão de eixos geopolíticos e pela desnaturalização do caráter eminentemente europeu impresso pelo *mainstream* acadêmico à filosofia. Afinal, se a filosofia pode ser, em linhas muito gerais, tomada por sua capacidade crítica de buscar a justificação num franco exercício de desbanalização das generalizações fáceis e de desnaturalização das certezas defendidas inadequadamente ou sem "fundamento", por que razões a filosofia deixaria de problematizar e desnaturalizar sua filiação e sua certidão de nascimento? Por que deveria existir um tema tabu para a filosofia? A filosofia não deve enfrentar qualquer tema e colocar tudo sob o crivo da crítica em busca de conceitos apoiados em argumentos bem montados e consistentes? Por que temeria colocar sob suspeita o que entendemos como um desmedido alargamento de uma história parcial e local como universal? Dito de outro modo, colocar o eurocentrismo em xeque é fundamental para darmos curso a algumas das reinvidicações mais caras à filosofia, não se prender às ideias sem examiná-las, ainda que o custo seja reconhecer inconsistências em nosso próprio modo de pensar.

Neste sentido, suponho que uma das grandes questões da filosofia seja o reconhecimento de que os argumentos mais tradicionais acerca do seu nascimento são invariavelmente problemáticos porque são marcados pelo racismo epistêmico.

Vale destacar que, diante desse quadro, é provável que algumas filósofas e alguns filósofos passem a considerar relevante uma análise do racismo epistêmico como um dos fios condutores mais decisivos na centralidade grega da Antiguidade.

Cheikh Anta Diop trabalhando no seu laboratório.

Uma contribuição importante foi dada por Cheikh Anta Diop.[14] O pensador senegalês problematizou, justamente, a ausência sistemática das produções africanas nas agendas de pesquisa da Filosofia e da História, por exemplo. A recusa renitente dos intelectuais ocidentais em inserir a África na sua agenda de pesquisa permanece mesmo diante dos resultados de suas investigações que comprovam que o Egito na Antiguidade foi uma civilização negra. Egiptólogos(as) e historiadores(as) ocidentais continuaram a desconsiderar as contribuições diopianas. Diop realizou pesquisas que demonstraram que as múmias egípcias eram negras, através de tecnologia que consegue verificar a concentração de melanina na epiderme. Mas alguns e algumas historiadoras(es) e egiptólogos(as) insistem em descrever os trabalhos de Diop como ativismo ou exercícios da militância de um pan-

---

[14] Nenhuma das obras de Diop tinha sido traduzida no Brasil até o ano de 2011.

-africanista, com o firme propósito de desqualificá-lo. O historiador Ciro Flamarion Cardoso diz que o legado de Diop seria ideológico e não científico. Flamarion Cardoso, assim como outros detratores de Diop e seus herdeiros e herdeiras intelectuais, não observam que não existe neutralidade, e assumir um ponto de vista não invalida a produção científica e filosófica, porque todo saber encerra e desenvolve determinados pontos de vista.

A filósofa Marimba Ani escreveu *Yurugu: an African-Centered Critique of European Cultural Thought and Behavior*.

Angela Yvonne Davis nasceu no estado do Alabama em 1944 nos Estados Unidos da América. A filósofa integrou o coletivo político *Panteras Negras* e ganhou destaque pelo seu texto crítico, pelo ativismo em prol dos direitos das mulheres negras e contra a discriminação racial e social.

No capítulo anterior, o empenho na busca de uma geopolítica antirracista para a filosofia foi inspirado, inicialmente, pelas leituras de Cheikh Anta Diop, George Granville Monah

James, Molefi Kete Asante, Angela Davis, Maulana Karenga, Martin Bernal, Théophile Obenga, Marimba Ani, Nkolo Foé, Mogobe Ramose e José Nunes Carreira. Um elemento importante que perpassa, em certa medida, seus textos está na recusa da exclusividade do Ocidente como regulador epistemológico do conhecimento em geral e mais especificamente da filosofia. Diop, tal como James, postula a existência de escolas filosóficas no Egito anteriores e contemporâneas às renomadas escolas gregas dos pré-socráticos, passando por Sócrates e Platão e chegando até Aristóteles. O trabalho de James se chama *Legado roubado: a filosofia grega é um roubo da filosofia egípcia*.[15] O título da obra já é contundente e, sem dúvida, não faltam comentários que apontem possíveis exageros na obra. Porém, a leitura cuidadosa do trabalho, seguramente ainda pouco lido nos circuitos acadêmicos, pode, certamente, dirimir algumas confusões por conta de leituras enviesadas. Existe o mérito do trabalho ser uma provocação incisiva, contra-narrativa e anti-hegemônica.

Na tese jamesiana, o *legado roubado* significa que os primeiros filósofos gregos têm uma dívida impagável com os filósofos egípcios que permanecem pouco conhecidos e raramente aparecem nos manuais e compêndios de história da filosofia. "De acordo com a história, Pitágoras, depois de receber sua formação no Egito, retornou à sua ilha nativa, Samos, onde estabeleceu sua escola por um curto tempo. Em seguida ele migrou para Croton (540 a. C.)" (JAMES, 2005, p. 9). Conforme James (2005), Tales de Mileto também rece-

---

[15] A obra ainda não tinha tradução para a língua portuguesa no ano de 2013. Fiz uma tradução livre do título original *Stolen legacy: Greek Philosophy is stolen Egyptian Philosophy*. Vale informar que não sou tradutor nem tenho essa formação. O título, assim como a tradução de parte da obra, foi feito para ser trabalhado apenas com estudantes.

beu sua formação filosófica no Egito antigo. Os trabalhos do físico, historiador, arqueólogo e egiptólogo senegalês Cheik Diop confirmam essa tese. Théophile Obenga, na esteira de Diop, nos ajuda a compreender com profundidade a produção filosófica africana antiga.

La philosophie africaine de la période pharaonique, 2780-330 avant notre ère (1990) localiza os primeiros registros em 2780 a.C. com Im-hotep. Obenga fez uma vigorosa pesquisa; além de filósofo, o congolês é arqueólogo e historiador, especialista em hieróglifos, o que permitiu que fizesse uma bela tradução comentada dos textos ao lado de uma contextualização histórica. As suas obras, assim como as pesquisas de G. James, C. A. Diop e M. Asante, são parada obrigatória para quem deseja adentrar com profundidade o universo da filosofia egípcia (NOGUERA, 2013b, p. 145).

Se, de acordo com a historiografia filosófica hegemônica a respeito da Antiguidade, os trabalhos africanos, assim como outros que não sejam ocidentais, são terminantemente desconhecidos ou "esquecidos", pode ser menos por ignorância do que por orientação política. É preciso que as pesquisas na área de filosofia possam romper com esse preconceito e retomar elementos do espírito filosófico como a capacidade de problematizar radicalmente e especular sistematicamente sobre a realidade.

O espírito da filosofia chinesa, da filosofia indiana, da filosofia africana, da filosofia europeia e da filosofia maia podem diferir bastante em relação ao tratamento do sujeito; mas filosofia sempre lida com o conhecimento humano e a elevação mental.

A *filosofia futura no mundo* deve levar em conta os grandes sistemas especulativos de toda a humanidade.

Com efeito, existe uma necessidade urgente de ganharmos alguma familiaridade com as tradições da filosofia africana desde os tempos mais remotos até a era contemporânea. Eu estou tentando apresentar a história antiga da filosofia africana tendo como foco o pensamento especulativo do Egito antigo (OBENGA, 2004, p. 31).

O português José Nunes Carreira (1994, p. 95) diz que a filosofia começou "no vale do Nilo com Im-hotep (c. 2700 a. C.), mais de dois milênios antes de despontar a Hélade". Obenga acrescenta que em egípcio antigo existia uma palavra que remete àquilo que o Ocidente passou a designar como filosofia. Nas escolas de escribas do Egito antigo, essa atividade intelectual, denominada arte da palavra em busca da verdade, era ensinada.

> Obenga explica que no Egito antigo existia um termo que circunscrevia filosofia, sabedoria e ciência: rekhet. No caso da filosofia, o termo remete à ideia de *mdt nfr*, que podemos traduzir como palavra bem-feita ou palavra bonita, fala bem esculpida e cuidadosamente talhada. O filósofo Ptah-hotep deixou registros de que a arte da palavra bem-feita precisa de humildade, "pois os limites da arte não podem ser alcançados e a destreza de nenhum artista é perfeita" (PTAH-HOTEP, 2000, p. 247). Para Ptah-hotep nenhum artista é perfeitamente destro, o caráter inconcluso do rekhet indica que a dissecação perfeita nunca é alcançada, se trata de um artesanato do pensamento que está em contínuo curso (NOGUERA, 2013b, p. 146).

Muito já foi escrito sobre a história da filosofia. Tudo que tem sido dito a seu respeito parece convergir para um retrato sobre um percurso europeu de pensamento. O problema seria muito simples: a definição de filosofia.

A compreensão e o significado da filosofia têm como base e refletem a perspectiva daqueles que exercem poder sobre os outros, especialmente poderes físico, psicológico e intelectual. É precisamente neste domínio que nós identificamos uma modificação do significado etimológico da filosofia. Aqui a filosofia é entendida como uma disciplina acadêmica com seus próprios princípios e métodos especiais. Aqueles que, em busca de poder, endossam esta autoridade baseada na definição convencionada de filosofia é que são considerados filósofos profissionais. É sob o disfarce da ciência e do profissionalismo que a dúvida sobre a existência da filosofia africana é expressa. É de suma importância reconhecer que esta dúvida é expressa a serviço da busca do poder para ter apenas um significado específico determinado pelos detentores da autoridade, como o significado autêntico da filosofia; o "universal", ou seja, apenas um lado, determina o significado do termo filosofia (RAMOSE, 2010, p. 9-10).

Ramose explica que, a partir da pluriversalidade, não faz sentido justificar uma experiência particular de filosofia como única e precursora. Ao mesmo tempo, essa defesa tem uma contradição expressa. Entender a filosofia como "universal", sem cultura, sexo, religião, história ou cor é afirmar que a particularidade é um ponto de partida válido para a filosofia" (RAMOSE, 2010, p. 11). Ora, se a particularidade é válida neste caso, por que não seria em tantos outros? Pois bem, se aceitamos que a filosofia tem um ponto de partida particular, a Grécia, qual é a justificativa para recusar outros pontos de partida igualmente particulares? O meu entendimento é ramoseano: todo ponto de partida filosófico é particular. O que pode ser entendido através da substituição da universalidade pela pluriversalidade. O que torna problemático defender um ponto particular de partida para a Filosofia e eliminar todos os outros. Ora, o processo de colonização impetrado por povos europeus foi fundado na exclusão de povos indígenas do continente americano, na escravização dos povos negro-africanos e na redução dos não europeus, dos que não eram eurodescendentes, reduzidos à escala de menos humanos ou até de não humanos. Neste sentido, "a dúvida sobre a existência da filosofia africana é, fundamentalmente, um questionamento acerca do estatuto ontológico de seres humanos dos africanos" (RAMOSE, 2011, p. 8).

Produção humana ou invenção ocidental

Vale a pena se debruçar sobre argumentos de outra ordem: aqueles que sugerem que a negação da existência da filosofia fora das cercanias europeias não é uma objeção aos pensamentos "africano", "ameríndio", "oriental", etc. Filosofia seria de nascença grega, europeia e, mais tarde, ocidental. Mas o pensamento estaria presente em todos os povos. Historiadoras(es) e professoras(es) de filosofia estariam dizendo, tão somente, que se deve reconhecer que não é adequado enquadrar formas distintas de pensamentos, tais como o africano, num "modelo" ocidental. Esta tese, advogada por muitas filósofas e muitos filósofos ocidentais, segundo a qual a filosofia é uma forma de pensamento de origem grega e que se assenta nas bases culturais da Europa, constituindo uma tradição ocidental, permitiria que expressões ricas e diversas do pensamento humano não fossem subsumidas e "reduzidas" à filosofia. Um dado relevante é inquirir este fenômeno a partir das relações de poder. Para ilustrar esse problema, deixo um elenco de interrogações abaixo: existem departamentos de pensamento? Programas de pesquisas e pós-graduação que sejam financiados para investigar pensamento? Existe uma tradição acadêmica que envolve sistemas de prestígio, recursos, reconhecimento e formação na área de pensamento? Alguém se forma em pensamento? Qual é o lugar social e político de quem trabalha com pensamento? O reconhecimento é algo desprezível e não deveria ser buscado?

Pois bem, quero sugerir outro ponto de vista. A saber: estaríamos diante de uma modalidade de *monopólio ou oligopólio intelectual e epistêmico*: um dos campos com maior *status* dentro da grande área de Humanidades seria explorado exclusivamente pela tradição ocidental. Dentro desta tradição, filósofas e filósofos pragmatistas, continentais e analíticas(os) disputariam visibilidade e representatividade. O raciocínio sugere que a Filosofia — entendida como atividade profissional acadêmica — seria objeto de "patente", e o espólio grego foi dividido entre os fiéis representantes do que se convencionou chamar de tradição ocidental. Ainda dentro de uma leitura geopolítica, podemos identificar Alemanha e França (filosofia continental), Grã-Bretanha (filosofia analítica) e Estados Unidos da América (pragmatismo) num embate pelo posto de "capital" da filosofia. O que denomino aqui como o mais contumaz oligopólio intelectual do ocidente remete, tão somente, à ideia — obviamente sujeita a objeções — de que a Filosofia seria comparável a recursos naturais que, por meio de um contrato vitalício e irrevogável, só podem ser explorados por três companhias (filosofia continental, filosofia analítica e pragmatismo) que "disputam" o mercado; mas se asseguram e se apoiam mutuamente para que "corporações intrusas" não possam ter acesso ao seu valioso bem: a filosofia. Ora, a disputa pelo direito à filosofia tem o mesmo modelo dos debates das associações internacionais de comércio, dos entraves do Conselho de Segurança da Organização das Nações Unidas (ONU).

A seguir, convido leitoras e leitores para responder uma interrogação, de certo modo muito simples e que pode parecer algum tipo de anedota. A filosofia se assemelha mais com a arquitetura e a religiosidade ou com o telefone e o avião? A pergunta não é retórica. Em linhas gerais, estou sugerindo uma divisão muito simples: 1º) Produções humanas verificáveis em todas as sociedades e culturas, sem datação determinada e sem local específico de surgimento; 2º) Invenções pontuais localizáveis no tempo e no espaço. Ora, se a filosofia parece pertencer mais ao conjunto de "produções humanas verificáveis em todas as sociedades e culturas, sem datação determinada e sem local específico de surgimento", por que requerer uma certidão de nascimento e insistir em reduzi-la a um tipo de realização exclusiva do Ocidente? Sem dúvida, historiadoras e historiadores da arte e da arquitetura não parecem supor que as criações artísticas são exclusivas do povo X ou da civilização Z. As concepções, sistematizações e práticas religiosas variam de acordo com as culturas, se transformam conforme as interações nos mais variados contextos; mas, enfim, soaria esdrúxulo afirmar que a crença num conjunto de elementos divinos e suprassensível é uma "invenção" do povo Y. O que é corrente é o reconhecimento de que determinada religião surge num contexto cultural específico. Por exemplo, o candomblé é uma religião de matriz africana, o budismo tem raízes na Índia. Mas não é pertinente afirmar que a invenção da religião foi obra do povo iorubá. Entretanto, podemos dizer que o povo iorubá é protagonista na criação e na sistematização do Culto a Ifá — nome de um conjunto de crenças e práticas espirituais próprias desse povo.

Por analogia, pretendo descrever um raciocínio simples que desvincule a filosofia do que anteriormente denominei "invenções pontuais localizáveis no tempo e no espaço". Como é o caso do avião, em que a disputa pela autoria do primeiro voo de um engenho dirigível mais pesado que o ar é pertinente. Ora, quem inventou o mais pesado que o ar? Santos Dumont ou os irmãos Wilbur Wright e Orville Wright? Os irmãos Wright realizaram seu primeiro voo em 17 de dezembro de 1903, enquanto Santos Dumont voou em Paris na data de 23 de outubro de 1906. Pois bem, quando a Federação Aeronáutica Internacional (FAI) — que estabelecera uma competição que premiaria o mais pesado que o ar — analisou todos os relatos de voos anteriores a 1905, para verificar se algum podia ser considerado o primeiro voo de um mais pesado que o ar viável, o invento dos irmãos Wright não foi reconhecido porque não foi feito em exibição pública (para aeroclubes, jornalistas, etc.) e não atendeu à exigência inicialmente adotada de usar propulsão própria. Então, o voo de Santos Dumont foi considerado o primeiro pela FAI. Somente em 1908, ao fazerem um voo público, e quando aquela exigência não mais existia, é que os irmãos Wright obtiveram o reconhecimento oficial retroativo ao voo de 1903, e passaram a ser considerados em todo o mundo como os inventores do dirigível mais pesado que o ar, embora até hoje persistam questionamentos a essa primazia vindos de diversos países.

Capítulo 2   63

É óbvio que nosso escopo está longe de decidir quem realizou o primeiro voo. O propósito é sublinhar como é inadequado ler o "nascimento" da filosofia sob os mesmos moldes do surgimento do dirigível mais pesado que o ar. Nós podemos falar de um tipo de filosofia, assim como falamos de um estilo artístico ou um "gênero" musical. Mas o argumento que defendo é que não podemos usar a mesma lógica, os mesmos princípios que sustentam a pergunta: "Quem inventou o dirigível mais pesado que o ar?" No caso: "Quem ou que povo 'inventou' a filosofia?" Fenômenos como música, filosofia ou arquitetura nascem em regiões particulares, mas, devido ao caráter pluriversal da realidade, as produções humanas ocorrem em diversas regiões do mundo enfrentando problemas e demandas comuns.

Em poucas palavras, é contra o racismo epistêmico, o racismo antinegro e todos os tipos de racismo que entendo que devemos sustentar a validade da filosofia como pluriversal e, por conseguinte, a existência da filosofia africana. Como já foi dito, as pesquisas de James, Diop e Obenga sistematizaram escritos filosóficos egípcios anteriores aos textos gregos; mas isso não significa que foram os africanos que inventaram a filosofia. Tampouco a anterioridade de alguns textos indianos e chineses em relação aos escritos gregos indicaria um tipo de precedência. Porque é importante desvincular a ausência de registros escritos da inexistência de reflexões filosóficas. Por outro lado, também não estamos buscando resolver um tipo de mistério da natureza: "Quem nasceu primeiro: o ovo ou a galinha?" O meu ponto de vista é que as reflexões filosóficas são, em certa medida, "congênitas" à própria "condição humana". Diferentemente da invenção do avião, a filosofia não pode ser entendida, apenas, como o resultado de avanços técnicos e científicos. Filosofia, tal como a arquitetura, se enquadra em "produções humanas verificáveis em todas as sociedades e culturas, sem datação determinada e sem local específico de surgimento". Por exemplo, é inegável que grandes obras clássicas da arquitetura do Egito, da arquitetura asteca e da arquitetura grega são distintas; mas os esforços em busca da construção de abrigos, moradas, templos e espaços para atividades específicas estavam presentes nessas três sociedades. E, sem exageros, vale a pena repetir: dizer que um povo "inventou" a arquitetura seria esdrúxulo. Pois bem, advogo que o mesmo deve ser aplicado à filosofia.

Cabe a ressalva de que não se trata de querer uma descrição essencialista que contemple todas as atividades, pesquisas, investigações e produções sob a nomenclatura de filosofia. Mas, tão somente, de buscar e sustentar uma resposta plausível e, além disso, razoável, justificada e coerente a respeito deste tipo de atividade presente em todas as sociedades humanas.

Palavra oral e palavra escrita

Uma objeção plausível às produções filosóficas não ocidentais, anteriores às instalações de Departamentos de Filosofia nas universidades do mundo, estaria na suposta ausência de dados devido à baixa quantidade de textos. No caso específico da filosofia africana, pesquisadoras e pesquisadores se perguntam onde estão os escritos. Sem dúvida, dentro dos padrões do Ocidente, a oralitura[16] não mereceria a mesma confiança que o registro escrito. Mas

---

[16] Por oralitura se deve entender o conjunto de textos orais numa determinada área ou sobre algum assunto, relatados e transmitidos de geração a geração.

será que, realmente, apenas a escrita tornaria um raciocínio válido? Por um lado, vale dizer que existe um volume bem razoável de textos africanos antigos anteriores aos escritos de Platão e de Aristóteles ainda pouco conhecidos do *mainstream* acadêmico. Por outro, a oralidade e a escrita não devem ser vistas como opostas ou dentro de uma hierarquia, mas como equivalentes.

Deusa Maat, divindade da justiça, da verdade e da harmonia.

Pois bem, existem diversos textos egípcios de escribas, de altos funcionários da monarquia. Um dos trabalhos mais conhecidos, que reúne material filosófico, político e religioso, consiste nos princípios de *Maat*, que uma tradução equívoca denominou *Livro dos mortos*. Eles formam *O livro do vir à luz do dia* (*The book of coming forth by day*), traduzido pelo filósofo e sociólogo Maulana Karenga (2004). O termo "Maat" não pode ser adequadamente traduzido por uma só palavra, mas circunscreve retidão, harmonia e verdade. Maat é uma deusa importante na cultura do Kemet, o Egito antigo, que traduz bastante do esforço filosófico de busca da verdade pelos seres humanos. Maat é responsável pela balança, ela dá a medida da verdade, é esposa de Toth, deus do conhecimento e da escrita. "Na mitologia egípcia, Maat e Toth perfazem um casamento que dá o panorama e os detalhes daquilo que a *rekhet* [filosofia] busca" (NOGUERA, 2013b, p. 151). Enfim, *O livro* é uma reunião de protocolos morais que pretende fornecer exercícios espirituais em favor de uma vida guiada pela *mdt nfr (*palavra bem-feita).

Ptah-hotep foi Vizir do Faraó Isesi, da V Dinastia do Reino Antigo. Deixou como legado 37 máximas disponíveis no Papiro Prisse (Biblioteca Nacional de Paris, 183-194). Ptah-hotep dizia que *rekhet* (filosofia) é uma arte inconclusa e o seu artesão nunca chega a ficar plenamente destro.

A filosofia é um tipo de arte que, nos termos de Ptah-hotep, está sempre por fazer da palavra uma escultura e nunca se completa, "pois os limites da arte não podem ser alcançados e a destreza de nenhum artista é perfeita" (PTAH-HOTEP, 2000, p. 247). Ora, uma rica história da filosofia precisa de um deslocamento do território geopolítico ocidental. Obenga (2004) diz que é empobrecedor e muito prejudicial para o pensamento especulativo reduzir a história da filosofia em tempos mais remotos a um conjunto de textos de uma pequena região do mundo.

Obenga (1990; 1992) ainda traz detalhes das escolas de escribas, espaços efervescentes que funcionavam como centros de estudos e difusão filosófica. O Papiro Sallier II (Museu Britânico, 10182) traz a *Sátira das profissões* escrita por Khéti e que remonta à 19ª Dinastia. O texto elenca diversas profissões, destacando o trabalho de escriba como o de melhor sorte, por ser "tido como aquele que ouve, e o (bom) ouvinte é o que age" [KHÉTI, 2000, p. 224] (NOGUERA, 2013b, p. 147-148).

O filósofo Joseph Omoregbe (1998) escreveu em *Filosofia africana: ontem e hoje* que alguns dos elementos mais decisivos da reflexão filosófica estão presentes em todos os povos. Conforme Omoregbe, ainda que muitas filósofas e muitos filósofos africanos não tenham deixado textos, existem diversos meios para a filosofia africana ser acessada.

> (...) nós temos fragmentos de suas reflexões filosóficas, e suas perspectivas foram preservadas e transmitidas por meio de outros registros como mitos, aforismos, máximas de sabedoria, provérbios tradicionais, contos e, especialmente, através da religião (...) Além das mitologias, máximas de sabedoria e visões de mundo, o conhecimento pode ser preservado e reconhecido na organização político-social elaborada por um povo. (OMOREGBE, 1998, p.74).

Hampâté Bâ (1900-1991)

Hampâté Bâ também nos ajuda a problematizar o clichê de que a escrita seria superior à oralidade: "Nada prova *a priori* que a escrita resulta de um relato mais fidedigno do que o relato oral transmitido de geração a geração" (BÂ, 2010, p.168). Bâ explica que o pensamento, o raciocínio e as justificativas, antes de serem escritos ou narrados, estão nas mentes das pessoas. A escrita é, tão somente, uma fotografia dos saberes humanos. Quero destacar que não se trata de boa vontade ou de uma posição ideológica para reconhecer a existência da filosofia africana na antiguidade e nos períodos históricos anteriores aos Departamentos de Filosofia no continente africano, mas de considerar as investigações que já existem, analisando os diversos trabalhos e levando em conta a produção filosófica em seus mais variados formatos. Uma historiografia filosófica que recoloque a África como um continente intelectualmente produtivo e relevante precisa levar em consideração os mitos, aforismos, sistemas políticos, máximas e o pensamento religioso. O que está em jogo é um esforço intelectual múltiplo que não se prenda às formas e aos métodos de historiografia filosófica hegemônicos no Ocidente. Para dar curso a este objetivo, vale colocar a história da filosofia em afroperspectiva.

Afroperspectividade, pluralismo, polissemia

Em linhas bem gerais, uma abordagem filosófica afroperspectivista é pluralista, reconhece diversos territórios epistêmicos, é empenhada em avaliar perspectivas e analisar métodos distintos. Tem uma preocupação especial para a reabilitação e o incentivo de trabalhos africanos e afrodiaspóricos em prol da desconstrução do racismo epistêmico antinegro e da ampliação de alternativas para uma sociedade intercultural e não hierarquizada.

Uma incursão afroperspectivista sobre a história da filosofia se caracteriza mais por explorar perspectivas pouco exploradas do que pela denúncia. Sem dúvida, a denúncia do racismo epistêmico é importante. Mas, em termos afroperspectivistas, estamos ainda mais preocupados com o caráter proativo que pode ajudar a enriquecer pesquisas e estudos em qualquer área de conhecimento, aqui especialmente no campo da filosofia. Ainda que seja necessário criticar, descrever e rechaçar as implicações da injustiça epistemológica que atinge as produções filosóficas africanas, o aspecto mais edificante está justamente nas alternativas e perspectivas quase desconhecidas que podem sugerir argumentos, pontos de vista, ideias e conceitos em favor de caminhos inusitados, criativos e propositivos sobre ética, política, ciência, religião, sexualidade, educação, relações étnico-raciais e de gênero, entre outros assuntos e temas.

Numa visão afroperspectivista, a filosofia grega na Antiguidade pode ser mais bem compreendida num diálogo com os filósofos egípcios. Neste caso, os manuais de história da filosofia incluiriam algumas modificações. A pesquisa de James, além de informar, procura demonstrar as influências egípcias na filosofia grega. Afinal, se Tales de Mileto, Anaximandro, Anaxímenes e Pitágoras, entre outros filósofos, estudaram no Egito (JAMES, 2005) por que desconsiderar essas heranças? No caso da Escola Pitagórica, a herança filosófica egípcia é muito marcante, além de Pitágoras ter vivido no Egito por estimados 22 anos (ASANTE, 2000; JAMES, 2005). Os preceitos dessa Escola de filosofia eram muito semelhantes aos adotados na Escola filosófica do antigo Egito.[17]

---

[17] Não cabe aqui um estudo prolongado deste instigante tema; sobre este ▶

Outra crítica relevante sobre o tratamento acadêmico a respeito da história da filosofia tem como ponto nevrálgico o seu aspecto reducionista. Por analogia, o que diríamos se um trabalho de história da arquitetura resolvesse ficar restrito às obras gregas? Não seria de espantar que soasse esquisito. Por que seria diferente com a filosofia? Pois bem, advogo que com a filosofia se dá o mesmo. Porque entre as características da filosofia, sem querer entrar em controvérsias profundas e longas, é possível encontrar diversas questões relevantes para toda a humanidade.

Por outro lado, se o que está em jogo é o caráter da filosofia, por que nós deveríamos supor que existe uma *essência* que permanece em todas as atividades, descrições, exercícios, teses, investigações e argumentações no campo da filosofia? O filósofo Ludwig Wittgenstein (2000) em *Investigações filosóficas* oferece uma possibilidade interessante para problematizar as formulações em favor de uma definição que busque a "essência" da filosofia. Afinal, o que uma filósofa continental teria em comum com uma filósofa analítica? Ou ainda, quais são as semelhanças entre a agenda de investigação de um filósofo da religião e de uma filósofa da ciência? Sem dúvida, muitos filósofos responderiam que os debates remetem a tradição ocidental, e algumas questões são, em certa medida, compartilhadas. No parágrafo 65 de *Investigações filosóficas*, Wittgenstein propõe o abandono da ideia de "algo comum". Para Wittgenstein (2000), o significado de uma palavra não remete a um objeto específico, mas sim aos usos que ela possui na linguagem. Neste sentido, o termo "filosofia" é polissêmico, varia conforme o contexto.

◀ assunto ver os trabalhos indicados na bibliografia de Asante (1987, 1988, 1991, 2000, 2009, 2010), Diop (1954, 1967, 1977) e James (2005).

Mas também podemos comparar com a noção de Wittgenstein de "jogos". O filósofo alemão menciona que a palavra "jogo" recobre uma série de atividades distintas. Por exemplo: o jogo de xadrez tem regras que dizem respeito às estratégias e às habilidades; no caso do jogo de roleta, a sorte é o único elemento decisivo, enquanto um jogo de futebol envolve estratégias, habilidades e sorte. Mas o termo "jogo" se aplica aos três casos. Não vou me demorar na análise wittgensteiniana, mas ela também pode ajudar a abandonar a preocupação com a verificação de uma essência no campo da filosofia. O que está em jogo é uma designação a respeito de uma atividade humana, algo que não é exclusivo deste ou daquele povo.

Pois bem, colocar a história da filosofia em afroperspectiva permitiria a consideração do pensamento filosófico dos povos ameríndios, dos povos asiáticos, da Oceania, além da produção filosófica africana. Ou seja, afroperspectivizar a filosofia é um projeto de passar a limpo a história da humanidade, tanto para dirimir as consequências negativas de eliminar culturas e povos não ocidentais do rol do pensamento filosófico, como para desfazer as hierarquizações que advêm desse processo.

Uma ligeira comparação nos ajuda a perceber a dimensão do problema. Diante dos currículos oficiais do Ensino Médio, a disciplina de História tem um capítulo guardado para a "Idade Média". Neste momento, as(os) estudantes aprendem exclusivamente sobre a Europa; os outros continentes e povos não "caberiam" na Idade Média. O que parece que está sendo dito é simples e equívoco: a África, a Ásia, a América, a Oceania e os povos que lá habitavam não existiam neste momento. A África "passaria" a existir, apenas, com as relações estabelecidas depois do contato com os europeus. Óbvio que muitos livros didáticos de História fazem ressalvas a esse respeito. Pois bem, no caso da filosofia: os outros povos parecem nunca ter existido. Como já foi dito, essa não existência é um processo de desumanização. Afinal, se fazer filosofia é uma atividade sofisticada, requintada e complexa, os povos que foram "incapazes" de produzi-la seriam menos sofisticados.

Isso é endossado pelos livros didáticos de filosofia. O Grupo de Pesquisa Afroperspectivas, Saberes e Interseções (Afrosin), da Universidade Federal Rural do Rio de Janeiro (UFRRJ), tem acompanhado livros didáticos na área de filosofia. Analisamos os dez livros mais usados no Brasil, e nenhum deles apresentava uma versão sobre o surgimento da filosofia que fosse diferente da mais corriqueira, que a diz nascida em berço grego. Além disso, uma pesquisa feita pelo Afrosin entre os anos de 2010 e 2014 verificou que, entre os cinco livros mais usados por professoras e professores de filosofia, nenhum tinha capítulos sobre a produção filosófica fora da Europa e dos Estados Unidos da América. Com efeito, afroperspectivizar a história da filosofia é deslocar o Ocidente do centro e assumir as contribuições de todos os povos e culturas da humanidade, dando uma atenção especial à filosofia africana. Num explícito posicionamento policêntrico e pluralista.

Filosofia africana

Uma interrogação quase inevitável é: o que é filosofia africana? Ela está presente em todas as discussões a respeito do *status* filosófico de pensadores e pensadoras do continente africano. Entre os debates mais instigantes em torno do tema, vale destacar Paul Hountondji e Kwame Appiah. Os dois filósofos oferecem perspectivas distintas. Enquanto o primeiro reitera que por filosofia africana se deve entender o conjunto de reflexões filosóficas feitas por africanas e por africanos, Appiah inscreve a filosofia dentro da tradição ocidental e argumenta que:

> O discurso filosófico contemporâneo do Ocidente, como qualquer discurso, é um produto de uma história; é essa história que explica por que seus muitos estilos e problemas mantêm-se unidos. [...] a filosofia acadêmica passou a ser definida por um cânone de temas, assim como por seu método argumentativo. Se entendermos por "filosofia" a tradição a que pertencem Platão e Aristóteles, Descartes e Hume, Kant e Hegel, é fatal que pelo menos os seguintes conceitos sejam considerados centrais nesse cânone: beleza, bem, causação [...], sentido, verdade e vida" (APPIAH, 1997, p.128-129).

O filósofo costa-marfinense Paul Hountondji nasceu em 1942.

A afirmação de Appiah pode ser objetada. Sob um aspecto, destaco que a falta de conhecimento a respeito de algo não deve ser sinônimo de sua inexistência. Pois bem, o desconhecimento das produções filosóficas africanas não deve, por antecipação, supor que os mesmos temas canônicos trabalhados por Platão e Aristóteles não tenham sido examinados por pensadores de outras regiões do mundo. Hountondji também contra-argumenta a respeito da não existência de filosofia africana dizendo, como foi dito anteriormente, que: "Por 'filosofia africana' refiro-me a um conjunto de textos, especificamente ao conjunto de textos escritos pelos próprios africanos e descritos como filosóficos por seus próprios autores" (HOUNTONDJI, 1977, p.107). Appiah e Hountondji rechaçam a etnofilosofia africana, recusando a ideia de que os povos tradicionais africanos teriam produzido um tipo de pensamento filosófico coletivo, inconsciente e não sistematizado. Hountondji objeta essa ideia.

> Ao longo do meu percurso intelectual, fui sensibilizado para este problema e comecei a percepcioná-lo como problema ao ler livros sobre "filosofia africana" ou sistemas de pensamento africanos. Normalmente, os autores partiam do princípio de que os africanos não tinham consciência da sua própria filosofia e de que apenas os analistas ocidentais [...] poderiam traçar um quadro sistemático da sua sabedoria" (HOUNTONDJI, 2010, p. 133).

Um dos principais destinatários desta crítica foi o missionário belga Placide Tempels (1959), que escreveu *Filosofia bantu*. Mas, apesar de Appiah e Hountondji convergirem para a recusa de uma etnofilosofia africana, Appiah faz, em certa medida, coro com o *status quo* acadêmico filosófico, enquanto o filósofo costa-marfinense faz questão de postular a existência da filosofia africana elaborada por pensadores africanos. Eu advogo a perspectiva de que as diversas culturas tradicionais africanas são condições de possibilidade, tal como nos diz Omoregbe, para compreendermos a produção filosófica desses povos. Em outros termos, é adequado produzir teses filosóficas e definir linhas, localizando-as temporalmente, a partir de elementos culturais de sociedades tradicionais africanas através de estudos comparativos e de uma história da África revisitada e descolonizada.

Em outro aspecto, a definição de Hountondji, segundo a qual toda a produção filosófica de autoria africana se configura como filosofia africana, não é ingênua. O filósofo costa-marfinense ressalta que identificar filosofia africana "com a bibliografia ou a literatura filosófica africana permitiu que surgisse a noção das contradições e dos debates internos, das tensões intelectuais que dão vivacidade a esta filosofia" (HOUNTONDJI, 2010, p.137). Falar em filosofia africana não se trata de uma pasteurização. O filósofo senegalês Ibrahima Sow (2010) tem um valioso trabalho, *La Philosophie Africaine: du Porquoi au Comment* (*A filosofia africana: do porquê ao como*). Sow nos oferece um vasto quadro dos debates em torno da questão no continente africano. O seu trabalho é indispensável para conhecer um rigoroso levantamento de obras desde o século XVI até grandes expoentes contemporâneos, além de um bom elenco de filósofas africanas e filósofos africanos contemporâneas(os). Afinal, durante séculos existiram centros universitários e significativa produção filosófica, literária, cultural e científica escrita. O Império Songhai é um desses exemplos, uma sociedade complexa com intensa produção cultural antes das invasões e colonizações europeias.

Com efeito, uma história da filosofia em afroperspectiva significa uma historiografia inclusiva. É importante trazer à cena outras perspectivas, mexendo com *mainstream* acadêmico com a presença de autoras e autores de todas as partes do mundo para enriquecer o debate e desfazer ideias preconcebidas sobre a filosofia.

O filósofo Marcien Towa nasceu em 1931 na República de Camarões.

Brasil em afroperspectiva

Um exercício filosófico afroperspectivista coloca o Brasil na rota do pensamento. Ora, nos manuais de filosofia é raro que algum nome brasileiro apareça no elenco de filósofas e filósofos. A dupla injunção das Leis 10.639/03 e 11.645/08 nos impõe outra problematização: existe uma produção filosófica brasileira que não tenha como fiadora filosofias europeias ou estadunidenses? Ou, como se diz, a filosofia no Brasil precisa ser sempre uma resenha de filósofos europeus? Não estou recusando a relevância do fichamento crítico interpretativo dos escritos europeus e estadunidenses; mas, por que ainda deveríamos estar restritos a esse modelo? Afinal, tratar a história e a cultura africana e afro-brasileira como protagonista, para entendermos as formulações intelectuais feitas no Brasil, coloca em pauta uma "nova" bibliografia para a filosofia. No século XX, o Brasil teve um filósofo que, através da *antropofagia* tomada como um "método", escreveu uma filosofia afro-brasileira e indígena dentro de uma proposta antropofágica, usando a literatura como meio para a sua filosofia, fazendo do romance um tipo de texto filosófico. Oswald de Andrade (1971a, p. 33) dizia que "O romance é sempre um tratado de filosofia, sem cátedra, sem terminologia especial e sem a responsabilidade de um sistema". Para Andrade, no Brasil, a filosofia "autêntica" *made in Brazil* foi feita fora das cátedras. Um comentário a respeito do Estado nazista alemão da 2ª Grande Guerra, travada principalmente na Europa, dá o tom oswaldiano: "A Alemanha racista, purista e recordista precisa ser educada pelo [...] chinês, pelo índio mais atrasado do Peru ou do México, pelo africano do Sudão" (ANDRADE, 1971b, p. 62).

Oswald de Andrade (1890-1954), escritor e filósofo brasileiro, dizia que "A alegria é a prova dos nove". (ANDRADE, 1928, p. 4).

Ora, o que é mais relevante para a afroperspectividade no pensador brasileiro Oswald de Andrade pode ser dito resumidamente num trecho do *Manifesto* de 1928. O paulista, que foi um dos expoentes da Semana de Arte Moderna no Teatro Municipal em 1922, escreveu *Manifesto Antropófago*, que foi lido para outros expoentes desse evento. Andrade definiu antropofagia como "a transformação permanente do tabu em totem" (ANDRADE, 1971 b, p. 92). Pois bem, o nosso exercício consiste justamente em transformar tabu em totem. Em termos afroperspectivistas, partindo de explícita inspiração na obra de Oswald de Andradre, nosso intuito é transformar o maior tabu da história da filosofia em totem. Ora, diante de um dogma que interdita e silencia qualquer argumento que tente ocupar o *mainstream* dizendo que os textos de filosofia são bem anteriores aos escritos gregos, nós entendemos que é importante fazer disso um totem, algo que deve ser cultuado, estudado, investigado e circular de modo relevante dentro dos circuitos de difusão de ensino de filosofia.

O filósofo e ativista negro Abdias do Nascimento (1914-2011) figura como um dos maiores expoentes do pensamento afroperspectivista. O autor de *O quilombismo* trouxe uma leitura do pan-africanismo.

Em se tratando de uma produção filosófica no Brasil, muitos nomes da literatura trouxeram questões filosóficas muito interessantes. Machado de Assis é um dos que figuram no panteão desses autores que fizeram do romance um tratado filosófico. Mas, além de nomes como Machado de Assis, Lima Barreto e Guimarães Rosa, um nome que não se consagrou pela sua veia literária, mas pela sua escrita política, se mostrou incontornável e merece ser retomado: Abdias do Nascimento. Ora, um dos maiores expoentes do Teatro Experimental do Negro (TEN) foi um incansável intelectual, ativista negro que nos brindou com uma pungente filosofia afroperspectivista. Abdias do Nascimento deixou um legado analítico para o pensamento social brasileiro muito importante, atuando como um filósofo político que interrogou a realidade a respeito de um horizonte de valores como justiça e igualdade. Para Pereira (2011), a vasta obra de Nascimento pode ser dividida em três fases. Na primeira fase, com escritos do fim dos anos de 1950 até meados de 1970, Abdias do Nascimento tratou da inserção e da exclusão negra da dinâmica social brasileira, como um renitente combatente do racismo antinegro brasileiro. Na segunda fase, o exílio em terras estadunidenses contribuiu para que Nascimento incluísse na sua agenda de pesquisa o racismo antinegro no Brasil dentro de uma ótica global: entre os anos 1970 e final dos anos 1980, o diálogo com os direitos civis e uma leitura mais aguda do pan-africanismo deram a tônica dos seus escritos. A terceira fase remonta ao retorno ao Brasil, sua participação política, sua luta pela implementação de políticas públicas de igualdade racial atuando como Senador Federal e ativista que esteve nas principais linhas contra o racismo antinegro. Ora, Nascimento deixou um legado com mais de 150 títulos entre livros, jornais, artigos de jornais, revistas e depoimentos. Não poderíamos aqui, pelo escopo deste livro, estabelecer qualquer hierarquia entre os seus trabalhos. Vale dizer que, no caso de *O quilombismo*, o escopo do trabalho remonta a títulos como *República*, de Platão, e *Leviatã*, de Hobbes. Abdias do Nascimento pretende nos apresentar uma perspectiva política e social de organização em bases africanas, afro-brasileiras, tendo o "quilombo" como modelo. Como já foi dito anteriormente, o conceito de quilombismo foi cunhado por Abdias do Nascimento para trazer à cena uma estética negra, uma política negra e possibilidades de reconfiguração das relações sociais. A capacidade de fazer política a partir de repertórios que não sejam os convencionalmente conhecidos do paradigma ocidental nos convida a pensar além das categorias de esquerda e direita. As "culturas africanas [...] são flexíveis e criativas, assim como bastante seguras de si mesmas, a ponto de interagir espontaneamente com outras culturas" (NASCIMENTO, 1980, p. 1946). Ora, a afroperspectividade percebe flexibilidade e criatividade como valores muito relevantes, articulados com a segurança de autorreconhecimento do seu próprio eixo histórico e cultural. Com efeito, Abdias do Nascimento não pode deixar de compor o quadro da história da filosofia no Brasil. Nascimento rompe com muitos tabus e oferece algo que é muito caro à filosofia afroperspectivista: a crítica aos jogos de dominação baseados nos critérios étnico-raciais.

A história da filosofia ocidental está imersa em dogmas e tabus; o tabu da certidão grega assinada por Tales de Mileto e/ou Sócrates e/ou Platão é um dos que mais tem sido blindado nos meios acadêmicos. Uma ilustração razoável desse tabu da filosofia ocidental está presente no desenho hegeliano da história da filosofia. Hegel elegeu a coruja como "mascote" de um pensamento eurocêntrico e excludente. Pois bem, a história da filosofia em afroperspectiva também tem um mascote. Afinal, Hegel popularizou a imagem da coruja como símbolo da filosofia, numa alusão explícita à deusa Minerva, versão romana de Atena, deusa da sabedoria e da guerra na mitologia grega. A coruja alça voo à noite, enxerga no escuro, o pescoço gira 360º.

Pois bem, faço uma conjectura: numa abordagem filosófica afroperspectivista — leia-se a reunião de produções filosóficas africanas, afrodiaspóricas e comprometidas com o combate ao racismo epistêmico —, o animal símbolo é a galinha-d'angola. Na mitologia iorubá, a galinha-d'angola é responsável pela manutenção do equilíbrio porque mantém o axé (energia vital) em circulação. Ao invés da coruja de Minerva, baseada na mitologia greco-romana, o animal-símbolo da filosofia (afroperspectivista) é a galinha-d'angola, que integra o universo mítico iorubá. Ela representa, em certa medida, a iniciação ao conhecimento de si, a capacidade de escolher e se comprometer com um caminho diante de inúmeras possibilidades. Ou ainda, a condição indispensável para materialização da capacidade de se manter em equilíbrio e harmonizar o *ori* (cabeça num sentido mais amplo do que o usado comumente).

No pluriverso bantófono, a galinha-d'angola tem um mito, compartilhado em versões próximas por grupos étnicos como os ambundu, bakongo e ovimbundu — povos falantes de kimbundu, kicongo e umbundu respectivamente —, em que ela vivia triste e fraca, se lamentando pelos cantos. Num belo dia encontrou Dandalunda, a deusa da fertilidade, que a adornou, pintando o bico de vermelho, dando-lhe uma coroa e pintando com o brilho de um colar. A galinha-d'angola se tornou feliz e passou a ficar evidente. Um símbolo de acesso à sabedoria, de possibilidade de transformação e de reconhecimento da fertilidade inerente ao bom uso da mente.

Capítulo 3
Ensino de filosofia, formação e parâmetros curriculares para educação das relações étnico-raciais

> *[...] a primeira competência, a preparação para a capacitação para um modo filosófico de formular e propor soluções de problemas.*
> *[...] servir-se do legado das tradições filosóficas para dialogar com as ciências e as artes, e refletir sobre a realidade [...] o gosto pelo pensamento inovador, crítico e independente.*
>
> (BRASIL, 2006, p. 32)

Os fragmentos acima integram o Documento do Ministério da Educação com orientações para o Ensino Médio. A filosofia, formada por várias tradições, deve promover o pensamento crítico. Na busca de uma educação antirracista, as tradições africanas devem ser atualizadas, percorridas, desdobradas e integrar o currículo de forma efetiva.

Filosofia no Ensino Médio

A inclusão da filosofia no Ensino Médio brasileiro como disciplina obrigatória foi homologada no ano de 2008, mas o processo foi gradativo. No ano de 2009, todas as escolas de Ensino Médio inseriram a disciplina no 1º ano; em 2010, além do 1º ano, a filosofia passou a compor o 2º ano do Ensino Médio. Em 2011, a filosofia — conforme a legislação educacional — passou a integrar todas as séries do referido nível de ensino. Em seguida foram elaboradas as Orientações Curriculares Nacionais para o Ensino Médio (OCNEM). O documento foi publicado no ano de 2006, três anos depois da promulgação da Lei 10.639/03, mas não menciona diretamente, no caso do capítulo dedicado à filosofia, as Diretrizes Curriculares Nacionais para o Ensino de História e Cultura Afro-Brasileira e Africana. Conforme o documento:

> Cabe insistir na centralidade da história da filosofia como fonte para o tratamento adequado de questões filosóficas. Com efeito, não realizamos no Ensino Médio uma simplificação ou uma mera antecipação do Ensino Superior e sim uma etapa específica, com regras e exigências próprias, mas essas só podem ser bem compreendidas ou satisfeitas por profissionais formados em contato com o texto filosófico e, desse modo, capazes de oferecer tratamento elevado de questões relevantes para a formação plena dos nossos estudantes. (BRASIL, 2006, p.16)

Pois bem, estamos diante de um desafio. Afinal, recorrer à história da filosofia não dá conta dos conteúdos estipulados pela Lei 10.639/03. Neste sentido, é fundamental "reescrever" a história da filosofia, tal como foi dito anteriormente, ampliando o elenco de filósofas e filósofos do mundo inteiro, incluindo um vasto time africano. Do contrário, o risco de uma história parcial (ocidental) da filosofia ser tomada como sinônimo da historiografia filosófica universal é muito alto, dando uma falsa impressão para estudantes do Ensino Médio.

A disciplina de Filosofia, conforme a Legislação Educacional, deve manter um diálogo com temas ligados ao exercício da cidadania, obviamente sem estar limitada a usos instrumentais para a vida cidadã. O OCNEM instrui que os pontos de partida para a Filosofia problematizar e contribuir para o exercício crítico da cidadania são:

I) Estética da Sensibilidade;
II) Política da Igualdade;
III) Ética da Identidade.

Pois bem, diante desses três tópicos publicados nas Diretrizes Curriculares Nacionais para o Ensino Médio, a filosofia pode ajudar na construção de:

1º) Uma Estética plural e antirracista;
2º) Uma Política que combata as assimetrias baseadas em critérios étnico-raciais;
3º) Uma Ética que combata as discriminações negativas endereçadas a grupos étnico-raciais que historicamente têm sido subalternizados, propor uma Ética ubuntu[18].

---

[18] Dentro da ética ubuntu a comunidade possui três dimensões: os ancestrais, os que estão vivos e os que ainda não nasceram. Ubuntu pode ser traduzido como "o que é comum a todas as pessoas". A máxima zulu e xhosa, umuntu ngumuntu ngabantu (uma pessoa é uma pessoa através de outras pessoas), indica que um ser humano só se realiza quando humaniza outros seres humanos. A desumanização de outros seres humanos é um impedimento para o autoconhecimento e a capacidade de desfrutar de todas as nossas potencialidades humanas (NOGUERA, 2012).

O objetivo da disciplina Filosofia não é apenas propiciar ao aluno um mero enriquecimento intelectual. Ela é parte de uma proposta de ensino que pretende desenvolver no aluno a capacidade para responder, lançando mão dos conhecimentos adquiridos, as questões advindas das mais variadas situações. Essa capacidade de resposta deve ultrapassar a mera repetição de informações adquiridas, mas, ao mesmo tempo, apoiar-se em conhecimentos prévios (BRASIL, 2006, p. 29).

Alunas e alunos podem ser municiados pela filosofia, através das suas competências e habilidades preconizadas pelos *Parâmetros curriculares nacionais para o ensino médio* (PCNEM), para se posicionar diante de situações que envolvem o racismo antinegro. Por exemplo, no seu rol de competências e habilidades está a "capacidade de relacionar o exercício da crítica filosófica com a promoção integral da cidadania e com o respeito à pessoa, dentro da tradição de defesa dos direitos humanos" (BRASIL, 2006, p. 31). Neste caso, argumentos filosóficos podem servir para balizar direitos humanos para uma sociedade antirracista, não pigmentocrática, antissexista, anti-homofóbica, adversária das discriminações negativas sobre surdas, surdos, cegas, cegos, pessoas com necessidades especiais de locomoção etc.

Sem dúvida, depois do percurso que fizemos, vale reiterar que um Programa de Filosofia para o Ensino Médio que seja sugestivo, provocador e reúna elementos significativos para o combate do racismo antinegro não pode deixar de recorrer ao legado filosófico africano, seus desdobramentos na afrodiáspora e, num outro registro, ao compromisso epistêmico e político para promoção do exercício livre do pensamento humano. Diante desta proposta, quero sugerir alguns parâmetros, numa perspectiva dialógica, policêntrica, que primam pela diversidade e pela diferença. Ou melhor, uma exploração afroperspectivista do PCNEM e do OCNEM na área de Filosofia. A proposta tem caráter de ensaio, um projeto provisório em construção que pode ajudar docentes e discentes em suas atividades diárias. As destinatárias e os destinatários desses parâmetros são professoras, professores e estudantes de graduação de Filosofia, além de estudantes do Ensino Médio.

De início, vale trazer e comentar uma formulação do PCNEM:

> Contextualizar conhecimentos filosóficos, tanto no plano de sua origem específica quanto em outros planos: o pessoal-biográfico; o entorno sóciopolítico, histórico e cultural; o horizonte da sociedade científico-tecnológica [...]
> A capacidade de contextualizar os conhecimentos imbrica-se com a destreza hermenêutica, assim como com a crítica (BRASIL, 1996, p. 342).

Pois bem, se a contextualização deve trazer uma leitura ampla em diversos aspectos, os textos filosóficos devem ser lidos considerando a biografia de filósofas e filósofos, a situação social, o momento histórico e a configuração política da época. Exemplifico: para entender o pensamento filosófico de Hegel, é relevante analisar o contexto político da Alemanha, o Estado prussiano. Ou, no caso do projeto iluminista, é muito importante compreender até a biografia de alguns baluartes como Voltaire, que mantinha, entre os seus negócios, o tráfico de escravizados africanos para a América, o que ajuda a entender as descrições racistas de vários dos seus textos. De alguma forma ou de outra, biografia, contextos histórico, social e político se relacionam com as reflexões de filósofas e filósofos. Uma abordagem afroperspectivista se preocupa em identificar as bases sociais e culturais dos argumentos ao lado do poder especulativo filosófico. Portanto, segundo uma conclusão a que cheguei em parceria com Wanderson Flor Nascimento, um dos expoentes da filosofia africana e afro-brasileira no Brasil, uma "proposta afroperspectivista para currículos de filosofia não consistiria apenas em inflar os conteúdos com o pensamento africano e afro-brasileiro (...) trata-se de um exercício de desmarginalização das produções filosóficas africanas (NOGUERA, NASCIMENTO, 2013, p. 79).

Formação acadêmica em Filosofia

Em relação à formação acadêmica, as OCNEM preconizam que o eixo central do Currículo Mínimo dos cursos de Licenciatura em Filosofia no Brasil devem recobrir cinco disciplinas: História da Filosofia, Teoria do Conhecimento, Ética, Lógica e Filosofia Geral (Problemas Metafísicos). Diante desta legislação, considero pertinente relacionar linhas gerais antirracistas, parâmetros que contemplem diretamente e de modo consistente as Diretrizes para Educação das Relações Étnico-Raciais, Ensino de História e Cultura Afro-Brasileira. Neste sentido, segue um elenco a seguir:

A. *História da Filosofia*

Levantar, catalogar e organizar — por múltiplas estratégias, recorrendo à oralitura, às máximas, aos mitos, aforismos de sabedoria de vida, pesquisas históricas, configurações sociais, políticas, historiografia e diversos métodos — a produção filosófica africana, sugerindo criticamente a inclusão de filósofas africanas, filósofos africanos, escolas, linhas e tradições filosóficas africanas na História da Filosofia.

B. Teoria do Conhecimento

Analisar os diversos pontos de vista sobre o problema do conhecimento, a construção da teoria do conhecimento e da epistemologia; descrever e problematizar os atravessamentos culturais de diversos campos epistêmicos; avaliar criticamente de que modo o racismo epistêmico está presente nos campos da Teoria do Conhecimento, da Epistemologia e da Filosofia da Ciência; cultivar o pluralismo e a diversidade através do reconhecimento de diferentes terrenos epistêmicos para o conhecimento humano.

C. Ética

Levantar e problematizar as justificações para princípios, normas e assuntos relativos ao campo ético e moral em diversas culturas; debater o caráter local e regional da moral, analisando os pontos de vista dentro de sociedades e culturas africanas e afrodiaspóricas, e os impactos que advêm das relações com as tradições ocidentais.

D. Lógica

Examinar a lógica, os seus usos e possibilidades de inserção no debate sobre relações étnico-raciais; o estudo das múltiplas lógicas e como elas se relacionam dentro de concepções culturais africanas e afrodiaspóricas.

E. Filosofia Geral (Problemas Metafísicos)

Debater a polissemia do conceito de Filosofia; descrever, analisar, comparar e articular os modos de abordagem dos problemas metafísicos feitos pelas mais diversas tradições e escolas, estabelecendo um diálogo entre a pluriversidade de linhas africanas e outras tradições do mundo.

Pois bem, o que se propõe é uma mudança na formação. Se, durante a graduação de Filosofia, a pauta de debates gira em torno dos textos de filósofos e filósofas da Europa e dos Estados Unidos da América, o propósito de uma Filosofia que não permaneça alheia às relações étnico-raciais e, portanto, às demandas que foram preconizadas pela Lei 10.639/03, precisa incluir a Filosofia Africana no seu programa. Sem dúvida, muitas autoras e muitos autores africanos permanecem desconhecidas e desconhecidos para uma significativa parcela de estudantes, professoras e professores de Filosofia. Com efeito, é importante realizar dois esforços:

I) Reescrever a História da Filosofia inserindo e articulando a produção africana, asiática, ameríndia, etc.
II) Escrever a História da Filosofia Africana.

Os dois esforços convergem para o objetivo de intervir num dos principais elementos constitutivos da formação de professoras e professores: a História da Filosofia. PCNEM e OCNEM não cansam de sublinhar e destacar a importância da historiografia filosófica. A exigência maior e indispensável de uma professora e de um professor de Filosofia é "sua formação e sua familiaridade com a História da Filosofia — em especial, com os textos clássicos. Esse deve ser seu diferencial, sua especificidade" (BRASIL, 2006, p. 32). Com efeito, a inclusão da Filosofia Africana, para além do caráter secundário de habitar a periferia do currículo, passa pela *classicização* de textos africanos. Enquanto os clássicos continuarem restritos ao *dream team* do Ocidente, Platão, Aristóteles, Descartes, Hume, Kant, Hegel, só para citar alguns, o problema persistirá.

Pois bem, os textos filosóficos africanos têm que ser clássicos. Quais os critérios desta classicização? Quais seriam os clássicos da Filosofia Africana? Por acaso ela não seria questionável e até mesmo artificial? Essas interrogações vão surgir juntamente com outras, possivelmente, ainda mais espinhosas. O desafio é enorme. Como estabelecer esses clássicos? Como reescrever a História da Filosofia, inserindo o pensamento filosófico africano? Sem dúvida, as estratégias são múltiplas e incluem pesquisas, redes internacionais de cooperação, seminários, colóquios, simpósios, publicações, verdadeiros exercícios arqueológicos de escavação na procura de fontes e reabilitação dessas fontes e desses indícios. Em caráter preliminar, segue adiante um elenco geral de tópicos que podem figurar como deflagradores para a elaboração de uma História da Filosofia Africana.

1. Para além do nascimento da Filosofia

OBJETIVOS: problematizar a ideia de que a filosofia teria surgido na Grécia; examinar a tese de que o pensamento filosófico é "congênito" aos seres humanos e construir um quadro que apresente a simultaneidade de pensadores africanos, orientais, ocidentais e ameríndios na Antiguidade.

DESENVOLVIMENTO: realizar um estudo cuidadoso com as pesquisas de Diop, James e Karenga para dar visibilidade às teses filosóficas de Im-hotep (2700 A.E.C), Ptah-hotep (2414 A.E.C.), Kagemni Sage (2300 A.E.C.), Meri-ka-re (1990 A.E.C.), Sehotepibre (1991 A.E.C.), Amen-em-hat (1991 A.E.C.), Amen-hotep, filho de Hapu (1400 A.E.C.), Duauf (1340 A.E.C.), Akhenaton (1300 A.E.C.), Amen-em-ope (1290 A.E.C.)[19] e outros debates filosóficos feitos no *Maat*.

2. Etnofilosofia e Filosofia Africana

OBJETIVOS: apresentar o debate sobre a etnofilosofia e catalogar as mais variadas teses filosóficas, localizando-as no tempo e no espaço, através de mitos, máximas, aforismos de sabedoria, provérbios e contos tradicionais dos povos africanos e na afrodiáspora. Problematizar se as filosofias ocidentais não seriam etnofilosofias.

DESENVOLVIMENTO: analisar, compilar e organizar as teses, dissertações, monografias, os livros e artigos sobre Pensamento Metafísico Iorubá, Metafísica de Povos Bantos, Ética Wolof, a Concepção Estética Akan, Metafísica Fon, Razão e Emoção na Tradição Yaouré, a Questão da Linguagem na Tradição Bambara, a Imortalidade da Alma na Tradição Ovimbundu, Lógica Banta, O Amor como Tema Filosófico na Cultura Dagara, a Tradição Ewé, Ética e Moral Kemética, a Verdade a Partir da Tradição Xosha, entre outros problemas e assuntos, numa sequência temporal.

[19] A base dos estudos de filósofos egípcios na Antiguidade está no trabalho de Molefi Asante (2000); as datas remontam ao momento de escrita/publicação dos textos.

3. Filosofia Africana Moderna e Contemporânea

OBJETIVOS: apresentar os textos modernos e contemporâneos produzidos por filósofas e filósofos do continente africano.

DESENVOLVIMENTO: organizar os textos por assuntos, temas, linhas, buscando as escolas e tradições modernas e contemporâneas.

4. Filosofia Afrodiaspórica Moderna e Contemporânea

OBJETIVOS: levantamento de filósofas e filósofos com interesses ligados, direta ou indiretamente, ao combate do racismo epistêmico antinegro.

DESENVOLVIMENTO: organizar os textos por assuntos, temas, linhas, buscando as escolas e tradições modernas e contemporâneas.

Filosofia Afro-Brasileira

Com efeito, estes parâmetros gerais podem dar início a uma História da Filosofia — entendendo que por meio da historiografia do pensamento filosófico se instalam as bases do ensino de Filosofia conforme dizem PCNEM e OCNEM — apta a produzir páginas sobre Filosofia Africana, Filosofia Afrodiaspórica e, sendo mais específico, Filosofia Afro-Brasileira. No caso desta última, as bases estão no rico universo cultural afro-brasileiro, isto é, no modo como as práticas e os pensamentos africanos se reterritorializaram, se modificaram, negociaram conflitos, construções de identidade, etc., no Brasil.

Capoeira, jongo, congada, candomblé e maracatu são alguns exemplos do riquíssimo universo cultural afro-brasileiro. Por exemplo, a capoeira é de origem africana, mas não existia inicialmente na África no mesmo formato inaugurado no Brasil. As hipóteses mais recorrentes apontam semelhanças com Ngolo, a dança da zebra, que fazia parte do rito de passagem dos meninos para a condição de homem entre alguns povos bantófonos que viviam no sul da atual Angola (principalmente os mucopes). No caso do jongo — palavra do idioma kimbundu para arremesso ou tiro —, a roda envolve cantorias e danças. Pois bem, uma filosofia afro-brasileira deve dialogar com esse universo cultural abertamente, disponível para pensar filosoficamente as questões que atravessam e constituem essas práticas, os seus contextos, suas implicações, etc.

Roda de capoeira no século XX.

A filosofia afro-brasileira pode ser um grande exercício crítico. Por exemplo, a Escola — enquanto instituição formal — parece pressupor uma hierarquia entre a razão e a emoção, uma cisão entre a *cabeça* e o *corpo*, alguma coisa que vários filósofos ocidentais, tal como fez Nietzsche, têm criticado: um esquecimento do corpo. Vale lembrar que esse esquecimento tem, na própria tradição filosófica ocidental, a sua elaboração e seu desenvolvimento. Um exercício filosófico afro-brasileiro pode trazer o "corpo" para a sala de aula de modo integrado, articulado, positivado e originário. O pensamento filosófico, em termos afroperspectivistas, pode ser interpretado, interpelado e percebido como um produto corporal ao invés de como uma fabricação mental? De que maneira? Pois bem, essas questões podem ser pensadas através de patrimônios imateriais como o samba e a capoeira por exemplo. Atualmente, trabalhos como a *roda de filosofia*[20] têm procurado pensar a filosofia afro-brasileira a partir do samba. Nos últimos anos, tenho coordenado pesquisas que têm focado no samba, no futebol, na capoeira, no jongo e no candomblé como canais de diálogo para um exercício filosófico.

Roda de jongo.

---

[20] A roda de filosofia foi descrita no Capítulo 2.

Conclusões parciais

A ideia de que o racismo não pode ser vencido é tão infundada quanto a de que ele cederá facilmente aos apelos à razão.

(MOORE, 2007a, p. 327)

O ponto de chegada do Ensino de Filosofia consiste na formação de mentes ricas de teorias, hábeis no uso do método, capazes de propor e desenvolver de modo metódico os problemas e de ler, de modo crítico, a complexa realidade que as circunda [...] criar nos estudantes uma razão aberta [...]. E a razão aberta é uma razão que sabe ter em si o corretivo de todos os erros que (enquanto razão humana) comete, passo a passo, forçando-a a recomeçar itinerários sempre novos.

(REALE; ANTISIERE, 1986, p. 7)

Os dois trechos supracitados resumem a noção de que "a" razão deve ser vista em perspectiva. Existem muitos paradigmas de racionalidade. Por isso, a *razão* em si mesma não é suficiente para combater o racismo. Para isso é preciso uma razão antirracista, uma razão aberta, apta a recomeçar. Apenas operando com uma razão crítica do epistemicídio da colonialidade ocidental, a filosofia poderá ser antirracista. Em busca de uma razão aberta e afroperspectivista, a filosofia pode promover um aprendizado antirracista e edificante. É preciso, também, desafiar o racismo epistêmico, denunciá-lo, se colocar radicalmente contra ele em todos os seus aspectos. Neste sentido, se, como dizem PCNEM e OCNEM, as professoras e professores de Filosofia devem apoiar e instigar estudantes a ler e reler textos filosóficos, ler filosoficamente e argumentar assumindo uma posição de acordo com o poder reflexivo da razão, uma conclusão provisória cabe aqui: para estar de acordo com a Lei 10.639/03, é preciso ler, identificar e argumentar contra o racismo epistêmico.

Uma razão afroperspectivista, além de recusar o racismo epistêmico, precisa recorrer às culturas africanas, manter um diálogo firme e permanente com as diversas possibilidades dadas pelos arranjos políticos africanos. Esta razão afroperspectivista é radical, porque busca caminhos filosóficos poucos explorados. Por exemplo, no campo político, diferentemente das formulações filosóficas ocidentais que parecem se articular, resumidamente, entre os diversos matizes das extremas esquerda e direita, o ensino de Filosofia numa abordagem afroperspectivista pode promover argumentos filosóficos em favor de organizações políticas fora do paradigma ocidental vigente, como, por exemplo, o modelo de organização Batwa — grupo étnico africano —, onde as pessoas trabalham pouquíssimas horas por dia para que a maior parte do tempo seja utilizada com conversas sobre o mundo, a vida, com as relações familiares e a integração comunitária.

Estas considerações são parciais e, sem dúvida, um convite à inflexão de reflexões sobre um elenco de questões articuladas pelo exercício intelectual contra o racismo epistêmico, especialmente em sua face antiafricana — incluindo a afrodiáspora. Não é raro que acadêmicos ocidentais costumem argumentar que a exclusão do mundo não ocidental do universo filosófico não seria demérito algum. O percurso argumentativo que foi feito nos leva para outro ponto de vista: existe uma disputa no campo epistemológico, na área das agendas de pesquisa, que está atrelada aos processos de subalternidade, da colonialidade e do racismo em sua vertente epistêmica. Por essas razões, o combate do racismo e da injustiça cognitiva passa pelo devido reconhecimento das produções intelectuais de todos os povos. No caso dos povos africanos, que foram alvos de um longo processo de diáspora, escravização e de colonização brutal — ainda sem precedentes e de que nossa linguagem e nossas descrições parecem não conseguir dar conta —, é indispensável destacar e valorizar devidamente o que tem sido historicamente depreciado. Sem dúvida, o ensino de Filosofia, para dar conta das exigências da Lei 10.639/03, deve estar comprometido com um corpo de ações afirmativas no campo epistêmico. Em outros termos, as atividades docentes e discentes de filosofia devem ser permeadas por ações afirmativas epistemológicas. O que, no meu entendimento, passa por uma epistemologia afroperspectivista.

Por fim, a proposta de uma sociedade mais simétrica e multipolar passa pelo reconhecimento, pela difusão e pelo incentivo da produção filosófica africana e afrodiaspórica — aqui denominadas sob a expressão genérica de pensamentos filosóficos afroperspectivistas. O ensino de Filosofia precisa encarar um desafio radical: ampliar as possibilidades de leitura, reescrever a história da filosofia, incorporar uma epistemologia afroperspectivista e, sobretudo, trilhar novas possibilidades e propiciar uma efetiva descolonização do pensamento.

Referências bibliográficas

ANDRADE, Oswald de. **A utopia antropofágica**. São Paulo: Globo, 2011.
ANDRADE, Oswald de. **Ponta de lança**. Rio de Janeiro: Civilização Brasileira, 1971a. (Obras completas, v. 5)
ANDRADE, Oswald de. **Do pau-brasil à antropofagia e às utopias**. Rio de Janeiro: Civilização Brasileira, 1971b. (Obras completas, v. 6)
ANDRADE, Oswald de. **Manifesto antropofágico**, *Revista de Antropofagia*, Ano 1, No. 1, maio de 1928, p.1-4.
ANI, Marimba. **Yurugu**: an African-centered critique of European cultural thought and behavior. Trenton: African World, 1994.
APPIAH, Kwame A. **Na casa do meu pai**: a África na filosofia da cultura. Tradução de Vera Ribeiro. Rio de Janeiro: Contraponto, 1997.
APPIAH, Kwame A. Identidade racial e identificação racial. Tradução de Gizele dos Santos Belmon. **Griot — Revista de Filosofia**, Amargosa, v. 2, n. 2, dez. 2010, p.129-141.
ASANTE, Molefi Kete. **Afrocentricity**: the theory of social change. 3ª. ed. Trenton: Africa World, 1988.

ASANTE, Molefi Kete. **The afrocentric idea**. Filadélfia: Temple University, 1987.

ASANTE, Molefi Kete. Afrocentricidade: notas sobre uma posição disciplinar. In: NASCIMENTO, Elisa Larkin (Org.). **Afrocentricidade**: uma abordagem epistemológica inovadora. Tradução de Carlos Alberto Medeiros. São Paulo: Selo Negro, 2009. p. 93-110.

ASANTE, Molefi Kete. Afrocentric idea in education. **The Journal of Negro Education**. Washington, v. 60, n. 2, p. 170-180, primavera de 1991.

ASANTE, Molefi Kete. **Afrocentricity**. Disponível em <http://www.asante.net/articles/1/afrocentricity/>. Acesso em 29 de março de 2010.

ASANTE, Molefi Kete. **The Egyptian philosophers**: ancient African voices from Im-hotep to Akhenaten. Illinois: African American Images, 2000.

BÂ, Amadou Hampâté. As características da cultura tradicional africana, suas múltiplas facetas, a oralidade, mitologia, religiosidade e formas de expressão. In: ALPHA, Sow; BALOGUN, Ola; AGUESSY, Honorat; DIAGNE Pathé. **Introdução à cultura africana**. Tradução de Emanuel L. Godinho, Geminiano Cascais Franco, Ana Mafalda Leite. Lisboa: Edições 70, 1977.

BÂ, Amadou Hampâté. Tradição viva. In: KI-ZERBO, Joseph (Org.). **História geral da África**. I: Metodologia e pré-história da África. Tradução e revisão coordenada por Valter Silvério. 2ª ed. rev. Brasília: UNESCO; MEC, 2010. p.167-212.

BERNAL, Martin. **Black Athena**: the afroasiatic roots of classical civilization. Tomos I e II. New Brunswick: Rutgers University, 1988-1991.

Referências bibliográficas 103

BRASIL. Secretaria de Educação Básica. **Ciências humanas e suas tecnologias**. Brasília: MEC/SEB, 2006 (Orientações Curriculares Nacionais para o Ensino Médio; volume 3).

BRASIL. Secretaria Especial de Políticas de Promoção da Igualdade Racial. **Diretrizes curriculares nacionais para a educação das relações étnico-raciais e para o ensino de história e cultura afro-brasileira e africana**. Brasília: MEC/SEPPIR, 2008.

BRASIL. Secretaria de Educação Básica. **Parâmetros curriculares nacionais para o ensino médio**. Brasília: MEC/SEB, 1996.

CAPONE, Stefania. **A busca da África no candomblé**: tradição e poder no Brasil. Rio de Janeiro: ContraCapa; Pallas, 2009.

CARNEIRO, Sueli; CURY, Cristiane. O poder feminino no culto dos orixás. In: NASCIMENTO, Elisa Larkin (Org.). **Guerreiras de natureza**: mulher negra, religiosidade e meio ambiente. São Paulo: Selo Negro, 2007. p. 117-143

CASTRO-GÓMEZ, Santiago. **Crítica de la razón latinoamericana**. Barcelona: Puvill, 1996.

CASTRO-GÓMEZ, Santiago. **La poscolonialidad explicada a los niños**. Popayán: Universidad del Cauca, 2005a.

CASTRO-GÓMEZ, Santiago. **La hybris del punto cero**: ciencia, raza e ilustración en la Nueva Granada (1750-1816). Bogotá: Universidad Javeriana; Instituto Pensar, 2005b.

CASTRO-GÓMEZ, Santiago. Ciencias sociales, violencia epistémica y el problema de la "invención del otro". In: LANDER, Edgardo (Org.). **La colonialidad del saber**: eurocentrismo y ciencias sociales. Perspectivas latinoamericanas. Buenos Aires: CLACSO, 2005c.

CÉSAIRE, Aimé. **Discours sur le colonialisme**. Paris: Présence Africaine, 1955.

CONCEIÇÃO, José Maria Nunes Pereira. **África: um novo olhar**. Rio de Janeiro: CEAP, 2006.

DELEUZE, Gilles; GUATTARI, Felix. **O que é a Filosofia?** Tradução de Bento Prado Jr. e Alberto Alonso Muñoz. Rio de Janeiro: 34, 1992.

DIAGNE, Mamoussé. **De la philosophie et des philosophes en Afrique noire**. Dakar: IFAN; Paris: Karthala, 2006.

DIOP, Cheikh Anta. **Antériorité des civilisations nègres**: mythe ou vérité historique? Paris: Présence Africaine, 1967.

DIOP, Cheikh Anta. **Nations nègres et culture**. tomo I. Paris: Présence Africaine, 1954.

DIOP, Cheikh Anta. **Parenté génétique de l'égyptien pharaonique et des langues négro-africaines**. Dakar: IFAN; Abidjan: NEA, 1977.

FANON, Frantz. **Os condenados da terra**. Tradução de Enilce Albergaria Rocha, Lucy Magalhães. Juiz de Fora: UFJF, 2006.

FANON, Frantz. **Pele negra, máscaras brancas**. Tradução de Renato da Silveira. Salvador: EdUFBA, 2008.

FOÉ, Nkolo. África em diálogo, África em autoquestionamento: universalismo ou provincialismo? "Acomodação de Atlanta" ou iniciativa histórica? **Educar em Revista**, Curitiba, n. 47, jan.-mar. 2013, p. 175-228.

FONTOURA JR., Antônio. **Hieróglifos egípcios**: um curso de introdução à leitura e decifração de textos do antigo Egito. Curitiba: Patola, 2010.

GOMBRICH, Ernest Hans. **A história da arte**. Tradução de Álvaro Cabral. 16ª ed. Rio de Janeiro: LTC, 1999.

GREENBERG, Joseph. **The languages of Africa**. Bloomington: Indiana University, 1966.

Referências bibliográficas

HARDING, Sandra (Org.). **The "racial" economy of science**: toward a democratic future. Bloomington: Indiana University, 1993.

HARDING, Sandra. **Is science multicultural?** Postcolonialisms, feminisms and epistemologies. Bloomington: Indiana University, 1998.

HEGEL, Georg W. **Filosofia da História**. Tradução de Maria Rodrigues, Hans Harden. Brasília: UnB, 1999.

HOUNTONDJI, Paul. Conhecimento de África, conhecimentos de africanos: duas perspectivas sobre os estudos africanos. In: SANTOS, Boaventura; MENESES, Maria Paula. **Epistemologias do Sul**. Tradução e revisão por Margarida Gomes. São Paulo: Cortez, 2010. p. 131-144.

JAMES, George G. M. **Stolen legacy**: the greek philosophy is a stolen egyptian philosophy. Drewryville: Khalifah's, 2005.

KANT, Emmanuel. **Observações sobre o sentimento do belo e do sublime**. Tradução de Vinícius de Figueiredo. Campinas: Papirus, 1993.

KARENGA, Maulana. **Maat, the moral ideal in ancient Egypt**: an study in classical african ethics. Nova York: Routledge, 2004.

KARENGA, Maulana. Afrocentricity and multicultural education. In: MAZAMA, Ama. **The afrocentric paradigm**. Trenton: África World, 2003. p. 73-94.

KINYONGO J. Philosophie en Afrique: conscience d'être. **Cahiers philosophiques africains**: African Philosophical Journal, Lubumbashi (ZA), n. 3-4, 1973, p. 13-25.

KI-ZERBO, Joseph. **Para quando a África?** Entrevista com René Holenstein. Rio de Janeiro: Pallas, 2006.

LOPES, Nei. **Enciclopédia brasileira da diáspora africana**. São Paulo: Selo Negro, 2004.

MALDONADO-TORRES, Nelson. A topologia do ser e a geopolítica do conhecimento: modernidade, império e colonialidade. In: SANTOS, Boaventura; MENESES, Maria Paula. **Epistemologias do Sul**. Tradução e revisão organizada por Margarida Gomes. São Paulo: Cortez, 2010. p. 396-443.

MASOLO, Dismas. Filosofia e cohecimento indígena: uma perspectiva africana. In: SANTOS, Boaventura; MENESES, Maria Paula. **Epistemologias do Sul**. Tradução e revisão por Margarida Gomes. São Paulo: Cortez, 2010. p. 313-339.

MIGNOLO, Walter. **The dark side of the Renaissance**: literacy, territoriality and colonization. Ann Arbor: University of Michigan, 1995.

MIGNOLO, Walter. Colonialidad del poder, eurocentrismo y América Latina. In: LANDER, Edgardo (Org.). **La colonidad del saber**: eurocentrismo y ciencias sociales — perspectivas latinoamericanas. Buenos Aires: CLACSO, 1993. p. 201-246.

MAZAMA, Ama. Afrocentricidade como um novo paradigma. In: NASCIMENTO, Elisa Larkin (Org.). **Afrocentricidade**: uma abordagem epistemológica inovadora. Tradução de Carlos Alberto Medeiros. São Paulo: Selo Negro, 2009. p. 111-128.

M'BOKOLO, Elikia. **África negra**: história e civilizações. São Paulo: Casa das Áfricas; Salvador: EdUFBA, 2003.

MELLO, Ivan Maia. A antropofagia oswaldiana como filosofia trágica. **Cadernos Nietzsche**, São Paulo, 2007, p. 59-74.

MILLS, Charles W. The racial polity. In: BABBITT, Susan E.; CAMPBELL, Sue. **Racism and philosophy**. New York: Cornell University, 1999.

MONGA, Célestin. **Niilismo e negritude**. Tradução de Estela dos Santos Abreu. São Paulo: Martins Fontes, 2010.

Referências bibliográficas

MOORE, Carlos. **A África que incomoda**: sobre a problematização do legado africano no quotidiano brasileiro. Belo Horizonte: Nandyala, 2008.

MOORE, Carlos. Do marco histórico das políticas públicas de ação afirmativa. In: SANTOS, Sales (Org.). **Ações afirmativas e combate ao racismo nas Américas**. Brasília: Unesco; MEC, 2007a. p. 307-334.

MOORE, Carlos. **O marxismo e a questão racial:** Karl Marx e Friedrich Engels frente ao racismo e à escravidão. Belo Horizonte: Nandyala, 2010.

MOORE, Carlos. **Racismo & sociedade**: novas bases epistemológicas para entender o racismo. Belo Horizonte: Mazza, 2007b.

NASCIMENTO, Abdias; SEMOG, Éle. **O griot e as muralhas**. Rio de Janeiro: Pallas, 2006.

NASCIMENTO, Abdias. **Afrodiáspora**: revista do mundo africano, n. 1-7. Rio de Janeiro: IPEAFRO, 1983-86.

NASCIMENTO, Abdias. **O negro revoltado**. 2ª ed. Rio de Janeiro: Nova Fronteira, 1982.

NASCIMENTO, Abdias. **Memórias do exílio**. Lisboa: Arcádia, 1976 (org. em colaboração com Paulo Freire e Nelson Werneck Sodré).

NASCIMENTO, Abdias. **Oitenta anos de Abolição**. Rio de Janeiro: Cadernos Brasileiros, 1968.

NASCIMENTO, Abdias. **Teatro Experimental do Negro**: testemunhos. Rio de Janeiro: GRD, 1966.

NASCIMENTO, Abdias. **Dramas para negros e prólogo para brancos**. Rio de Janeiro: TEN, 1961.

NASCIMENTO, Abdias. **Relações de raça no Brasil**. Rio de Janeiro: Quilombo, 1950.

NASCIMENTO, Abdias. **O quilombismo**: os documentos de uma militância pan-africanista. Petrópolis: Vozes, 1980.

NASCIMENTO, Abdias. **O quilombismo**. 2ª ed. Brasília: Fundação Cultural Palmares; Rio de Janeiro: OR, 2002.

NASCIMENTO, Abdias. **O Brasil na mira do pan-africanismo**. Salvador: Centro de Estudos Afro-Orientais; EdUFBA, 2002.

NASCIMENTO, Abdias. **Orixás**: os deuses vivos da África/ Orishas: the living gods of Africa in Brazil. Rio de Janeiro: Ipeafro — Instituto de Pesquisas e Estudos Afro-Brasileiros; Filadélfia: Temple University, 1995.

NASCIMENTO, Abdias. **A luta afro-brasileira no Senado**. Brasília: Senado Federal, 1991.

NASCIMENTO, Abdias. **Nova etapa de uma antiga luta**. Rio de Janeiro: Secretaria Extraordinária de Defesa e Promoção das Populações Negras — SEDEPRON, 1991.

NASCIMENTO, Abdias; NASCIMENTO, Elisa Larkin. **Africans in Brazil**: a pan-african perspective. Trenton: Africa World, 1991.

NASCIMENTO, Abdias. **Povo negro**: a sucessão e a "Nova República". Rio de Janeiro: Ipeafro, 1985.

NASCIMENTO, Elisa Larkin. A questão de gênero na peça "Sortilégio (mistério negro)", de Abdias Nascimento. **Africanas**, Rio de Janeiro, n. 10, 2005, p. 1-10.

NOGUERA, Renato; NASCIMENTO, Wanderson Flor. O ensino de filosofia em afroperspectiva. In: CARVALHO, Carlos; NOGUERA, Renato; SALES, Sandra Regina (Orgs.). **Relações étnico-raciais e educação:** contextos, práticas e pesquisas. Rio de Janeiro: NAU: EDUR, 2013, p.75-89.

NOGUERA, Renato. **Era uma vez no Egito**. Rio de Janeiro: Evangraf, 2013a.

NOGUERA, Renato. A ética da serenidade: o caminho da barca e a medida da balança na Filosofia de Amen-em-ope.

Ensaios Filosóficos, Rio de Janeiro, v. VIII, dez. 2013b, p. 139-155.

NOGUERA, Renato. Denegrindo a Filosofia: o pensamento como coreografia de conceitos afroperspectivistas. **Griot — Revista de Filosofia**, Amargosa, v. 4, n. 2, 2011.

NOGUERA, Renato. Ubuntu como modo de existir: elementos gerais para uma ética afroperspectivista. **Revista da ABPN**, v. 3, n. 6, nov. 2011 - fev. 2012, p. 147-150.

OBENGA, Théophile. **Ancient Egypt and black Africa**. Chicago: Karnak House, 1992.

OBENGA, Théophile. Egypt: ancient history of African Philosophy. In: WIREDU, Kwasi (Org.). **A companion to African Philosophy**. Oxford: Blackwell, 2004. p. 31-49.

OBENGA, Théophile. **La philosophie africaine de la période pharaonique** (2780-330 a. C.). Paris: L'Harmattan, 1990.

OBENGA, Théophile. **L'Égypte, la Grèce et l'École d'Alexandrie**. Paris: L'Harmattan, 2005.

OMOREGBE, Joseph. African Philosophy: yesterday and today. In: EZE, Emmanuel Chukwudi (Org.). **African Philosophy**: an anthology. Oxford: Blackwell, 1998.

PADILHA, Laura Cavalcante. **Entre voz e letra**. Niterói: UFF, 1995.

PULS, Mauricio. **Arquitetura e filosofia**. São Paulo: Annablume: 2006.

QUIJANO, Anibal. Colonialidade do poder e classificação social. In: SANTOS, Boaventura; MENESES, Maria Paula (Orgs.). **Epistemologias do Sul**. Tradução e revisão por Margarida Gomes. São Paulo: Cortez, 2010. p. 84-130.

RAMOSE, Mogobe. **African philosophy through ubuntu**. Harare: Mond Books, 1999.

RAMOSE, Mogobe. Globalização e ubuntu. In: SANTOS, Boaventura; MENESES, Maria Paula (Orgs.). **Epistemologias do Sul**. São Paulo: Cortez, 2010. p. 175-220.

RAMOSE, Mogobe. Sobre a legitimidade e o estudo da Filosofia Africana. **Ensaios Filosóficos**, Rio de Janeiro, v. IV, out. 2011. Disponível em <http://www.ensaiosfilosoficos.com.br/Artigos/Artigo4/RAMOSE_MB.pdf>. Acessado em 02 de outubro de 2012.

RATZEL, Friedrich. **La géographie politique**: les concepts fondamentaux. Paris: Fayard, 1987.

REALE, Giovanni; ANTISIERE, Dario. **História da Filosofia**. v. 1, v. 2., v. 3. São Paulo: Paulus, 1990.

SANTOS, Gislene Aparecida dos. **A invenção do "ser negro"**: um percurso das ideias que naturalizaram a inferioridade dos negros. São Paulo: Educ/Fapespe; Rio de Janeiro: Pallas, 2002.

SARTRE, Jean-Paul. **Reflexões sobre o racismo**. Tradução de J. Guinsburg. Rio de Janeiro: DIFEL, 1978.

SHUTTE, Augustine. **Philosophy for Africa**. Rondebosch, South Africa: UCT, 1993.

SILVA, Alberto da Costa e. População e sociedade. In: SILVA, Alberto da Costa e (Org.). **Crise colonial e independência**: 1808-1830 — v. I. Rio de Janeiro: Objetiva, 2011. p. 35-73.

SOYINKA, Wole. **Myth, literature and the african world**. Cambridge: Cambridge University, 1976.

SOW, Ibrahima. **La Philosophie Africaine: du porquoi au comment**. Dakar: IFAN, 2010.

TEMPELS, Placide. **La Philosophie bantoue**. Paris: Présence Africaine, 1959.

TOWA, Marcien. **Essai sur la problématique philosophique dans l'Afrique actuelle**. Yaoundé: CLE, 1971.

TOWA, Marcien. **L'idée d'une philosophie négro-africaine**. Yaoundé: CLE, 1979.

VASCONCELLOS, Jorge. Oswald de Andrade, filósofo da diferença. **Revista Periferia**, Rio de Janeiro, v. 3, n. 1, 2011, p. 21-30.

VERRAN, Helen. **Science and african logic**. Chicago: University of Chicago, 2001.

VILLALBA, Antônio Castro. **Historia de la construcción arquitetónica**. 2ª ed. Barcelona: UPC — Universidat Politècnica de Catalunya, 1999.

VIVEIROS DE CASTRO, Eduardo. **From the enemy's point of view**. Chicago: University of Chicago, 1992.

VIVEIROS DE CASTRO, Eduardo. O nativo relativo. **Mana**, Rio de Janeiro, v. 8, n. 1, 2002, p. 113-148.

VIVEIROS DE CASTRO, Eduardo. Filiação intensiva e aliança demoníaca. **Novos Estudos Cebrap**, São Paulo, v. 77, mar. 2007, p. 91-126.

VIVEIROS DE CASTRO, Eduardo. Xamanismo transversal: Lévi-Strauss e a cosmopolítica amazônica. In: QUEIROZ, R. Caixeta de; NOBRE, R. Freire (Orgs.). **Lévi-Strauss**: leituras brasileiras. Belo Horizonte: UFMG, 2008a.

VIVEIROS DE CASTRO, Eduardo. **Encontros**: Eduardo Viveiros de Castro. Rio de Janeiro: Azougue, 2008b.

VIVEIROS DE CASTRO, Eduardo. **Metaphysiques cannibales**. Paris: PUF, 2009.

VIVEIROS DE CASTRO, Eduardo. **A inconstância da alma selvagem**. São Paulo: Cosac Naify, 2011.

VOLTAIRE, François. **Tratado de metafísica**. Tradução de Marilena Chauí. São Paulo: Abril Cultural, 1984. p.61- 83 (Coleção Os Pensadores)

WEST, Cornel. **Questão de raça**. Tradução de Laura Teixeira Motta. São Paulo: Companhia das Letras, 1994.

WIREDU, Kwasi. The concept of truth in the Akan language. In: COETZEE, Peter H.; ROUX, Abraham P. J. (Orgs.). **The African Philosophy reader**. Nova York: Routledge, 2002. p. 239-243.

WIREDU, Kwasi. **Philosophy and an African culture**. Cambridge: Cambridge University, 1980.

WITTGENSTEIN, Ludwig. **Investigações filosóficas**. Tradução de José Carlos Bruni. São Paulo: Nova Cultural, 2000. (Coleção Os Pensadores)

ZIZEK, Slavoj. **The puppet and the dwarf**: the perverse core of christianity. Cambridge: MIT, 2003.

Apêndice: As Leis 10.639/03 e 11.645/08 e o ensino de Filosofia

O Grupo de Pesquisa Afroperspectivas, Saberes e Interseções (Afrosin), da Universidade Federal Rural do Rio de Janeiro (UFRRJ), elaborou uma pesquisa a ser realizada entre professores de Filosofia do Ensino Médio atuando em escolas das redes públicas do Rio de Janeiro e de Minas Gerais. Seu objetivo era levantar algumas questões relacionadas à aplicação das diretrizes das Leis 10.639/03 e 11.645/08 aos currículos de Filosofia nos cursos médio e superior.

O método adotado foi a aplicação do questionário apresentado a seguir:

Questionário

1. Nome (opcional):_____

2. Idade:_____

3. Sexo:
( ) F
( ) M

4. Cor/Raça:
( ) Preta
( ) Parda
( ) Indígena
( ) Amarela
( ) Branca

5. Formação/Graduação:
( ) Licenciatura em Filosofia
( ) Outras: _____

6. Possui Especialização?
( ) Sim
( ) Não
6.1. Em que área?
( ) Filosofia
( ) Educação
( ) Outras: _____
6.2. Ano em que se formou: _____

7. Pós-Graduação Stricto Sensu:
7.1. Possui mestrado?
( ) Sim
( ) Não
7.1.1. Em que área?
( ) Filosofia
( ) Educação
( ) Outras: _____
7.1.2. Ano em que se formou: _____

7.2. Possui doutorado?
( ) Sim
( ) Não
7.2.1. Em que área?
( ) Filosofia
( ) Educação
( ) Outras: _____
7.2.2. Ano em que se formou: _____

8. Atua como professor(a) de:
8.1. Nível:
( ) Ensino Fundamental
( ) Ensino Médio
( ) Ensino Superior
8.2. Rede:
( ) Rede pública
( ) Rede Privada
8.3. Em que ano começou a trabalhar como professor(a): _____

9. Você sabe que as Leis 10.639/03 e 11.645/08 alteraram a LDB e instituíram a obrigatoriedade de conteúdos de História e Cultura Afro-Brasileira, Africana e Indígena para a Educação Básica e para o Ensino Superior, e que isso é válido para o ensino de Filosofia em todos os níveis e modalidades?
( ) Sim
( ) Não

10. Você implementa as obrigações legais de recobrir conteúdos de História e Cultura Afro-Brasileira, Africana e Indígena?
( ) Sim
( ) Não

11. Você aprendeu esses conteúdos na sua formação?
( ) Sim
( ) Não

12. O que você acha desta legislação?
( ) Muito importante
( ) Importante
( ) Pouco importante
( ) Desnecessária

13. Você conhece conteúdos de História e Cultura Afro-Brasileira, Africana e Indígena?
( ) Sim
( ) Não

14. Em caso de a resposta anterior ser positiva, cite um ou mais conteúdos da referida legislação que você considera importante(s) para o exercício do ensino de Filosofia.
_____
_____

15. Você gostaria de participar de um curso de formação continuada específico que trabalhe ensino de Filosofia, História e Cultura Afro-Brasileira, Africana e Indígena?
( ) Sim
( ) Não

Resultados preliminares

A aplicação dos questionários foi realizada e coordenada, em setembro de 2013, por duas pessoas que atuaram e permanecem como colaboradoras e pesquisadoras de projetos que coordeno: Marcelo Moraes, na ocasião mestre em filosofia pela Universidade Federal do Rio de Janeiro (UFRJ) e professor do Ensino Médio da rede pública do Estado do Rio de Janeiro, e Vanilda Santos, mestre em filosofia pela Universidade Federal de Uberlândia (UFU) e professora do Ensino Médio da rede pública do Estado de Minas Gerais.

A sistematização dos dados foi feita por Larissa J. M. Gama, Bolsista de Iniciação Científica — IM/UFRRJ.

A pesquisa ainda se encontra em curso. As tabelas e os gráficos a seguir apresentam os resultados de uma pesquisa exploratória realizada com uma pequena amostra de 13 entrevistados.

Como a primeira pergunta foi opcional, não serão apresentados os seus resultados.

Tabela 1 — Sexo dos entrevistados na pesquisa sobre as Leis 10.639/03 e 11.645/08 e o ensino de Filosofia — RJ e MG, 2013

Sexo	Frequência	Porcentual
Feminino	4	30,8%
Masculino	9	69,2%
Total	13	100%

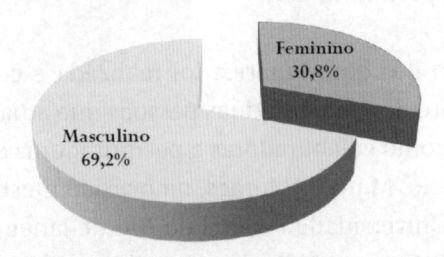

Gráfico 1 — Sexo dos entrevistados na pesquisa sobre as Leis 10.639/03 e 11.645/08 e o ensino de Filosofia — RJ e MG, 2013

Constata-se pela análise da tabela e do gráfico que a maioria dos entrevistados é do sexo masculino: 69,2%.

Tabela 2 — Idade dos entrevistados na pesquisa sobre as Leis 10.639/03 e 11.645/08 e o ensino de Filosofia — RJ e MG, 2013

Idade	Frequência	Percentual
29 anos	1	7,7%
30 anos	2	15,4%
31 anos	2	15,4%
32 anos	2	15,4%
35 anos	2	15,4%
36 anos	1	7,7%
41 anos	1	7,7%
44 anos	1	7,7%
47 anos	1	7,7%
Total	13	100%

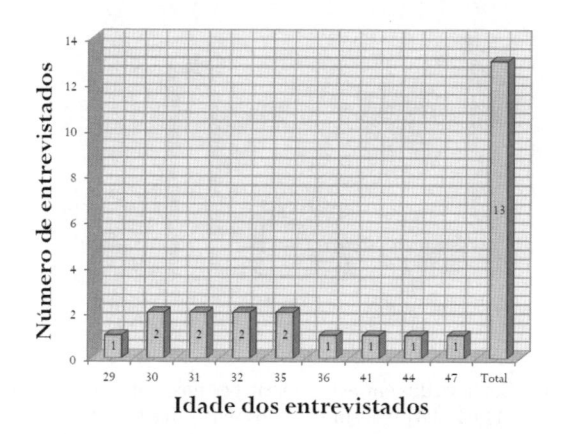

Gráfico 2 — Idade dos entrevistados na pesquisa sobre as Leis 10.639/03 e 11.645/08 e o ensino de Filosofia — RJ e MG, 2013

Constata-se pela análise da tabela e do gráfico que a maioria dos entrevistados tem entre 30 e 35 anos: 61,6%.

Tabela 3 — Cor/raça dos entrevistados na pesquisa sobre as Leis 10.639/03 e 11.645/08 e o ensino de Filosofia — RJ e MG, 2013

Cor/raça	Frequência	Percentual
Preta	1	7,7%
Parda	1	7,7%
Indígena	0	0
Amarela	2	15,4%
Branca	8	61,5%
Não respondeu	1	7,7%
Total	13	100%

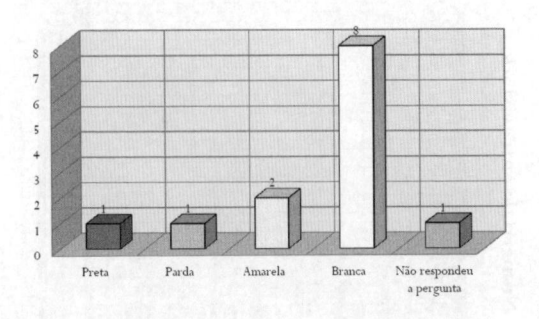

Gráfico 3 — Cor/raça dos entrevistados na pesquisa sobre as Leis 10.639/03 e 11.645/08 e o ensino de Filosofia — RJ e MG, 2013

Constata-se pela análise da tabela e do gráfico acima que a maioria dos entrevistados tem a cor branca (61,5%).

Tabela 4 — Curso de Graduação dos entrevistados na pesquisa sobre as Leis 10.639/03 e 11.645/08 e o ensino de Filosofia — RJ e MG, 2013

Curso*	Frequência	Percentual
Licenciatura em Filosofia	9	69,2%
Bacharelado em Filosofia	1	7,7%
Pedagogia	1	7,75
"Educação"	1	7,7%
Outras	1	7,7%
(a pessoa não especificou)		
Total	13	100%

* As respostas Bacharelado em Filosofia, Pedagogia e "Educação" foram especificações feitas pelos entrevistados na opção "Outras".

Bar chart data:
- A pessoa respondeu "Educação": 1
- Outras (a pessoa não especificou): 1
- Pedagogia: 1
- Bacharelado em Filosofia: 1
- Licenciatura em Filosofia: 9

número de entrevistados

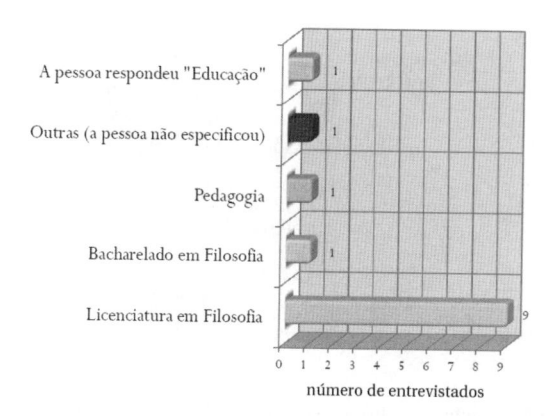

Gráfico 4 — Curso de Graduação dos entrevistados na pesquisa sobre as Leis 10.639/03 e 11.645/08 e o ensino de Filosofia — RJ e MG, 2013

Constata-se pela análise da tabela e do gráfico que a maioria dos entrevistados é graduado com licenciatura em Filosofia.

Tabela 5 — Realização de curso de Especialização pelos entrevistados na pesquisa sobre as Leis 10.639/03 e 11.645/08 e o ensino de Filosofia — RJ e MG, 2013

Especialização	Frequência	Percentual
Não fizeram especialização	10	76,9%
Fizeram especialização	2	15,4%
Não respondeu a pergunta	1	7,7%
Total	13	100%

Não respondeu a pergunta 7,7%
Sim 15,4%
Não fizeram especialização 76,9%

Gráfico 5 — Realização de curso de Especialização pelos entrevistados na pesquisa sobre as Leis 10.639/03 e 11.645/08 e o ensino de Filosofia — RJ e MG, 2013

Constata-se pela análise da tabela e do gráfico acima que a maioria dos entrevistados não fez especialização (76,9%).

Tabela 6 — Área do curso de Especialização feito pelos entrevistados na pesquisa sobre as Leis 10.639/03 e 11.645/08 e o ensino de Filosofia — RJ e MG, 2013

Curso	Frequência	Percentual
Não fizeram especialização	10	76,9%
Fez especialização em Filosofia	1	7,7%
Fez especialização em História*	1	7,7%
Fez especialização em Educação	0	0
Não respondeu a pergunta	1	7,7%
Total	13	100%

* A resposta História foi especificação feita pelo entrevistado na opção "Outras".

```
História              | 1
Não respondeu a pergunta | 1
Não fizeram especialização | 10
Filosofia             | 1
```
número de entrevistados

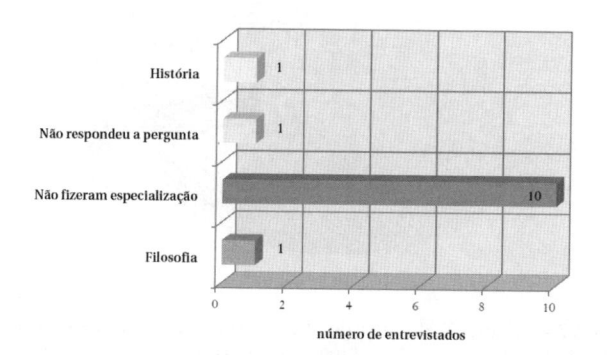

Gráfico 6 — Área do curso de Especialização feito pelos entrevistados na pesquisa sobre as Leis 10.639/03 e 11.645/08 e o ensino de Filosofia — RJ e MG, 2013

Constata-se pela análise da tabela e do gráfico que, dos dois entrevistados que fizeram especialização, um a fez na área de Filosofia e o outro, na área de História. De acordo com a pergunta adicional (6.2), um se formou em 2012 e o outro, em 2013.

Tabela 7 — Realização de curso de Mestrado pelos entrevistados na pesquisa sobre as Leis 10.639/03 e 11.645/08 e o ensino de Filosofia — RJ e MG, 2013

Mestrado	**Frequência**	**Percentual**
Sim	4	30,8%
Não	9	69,2%
Total	13	100%

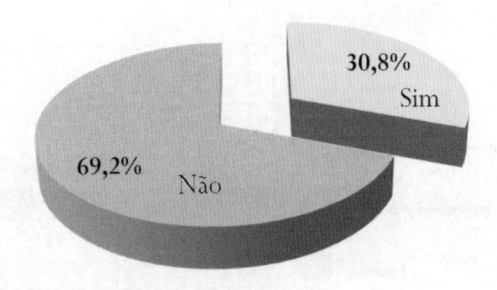

Gráfico 7 — Realização de curso de Mestrado pelos entrevistados na pesquisa sobre as Leis 10.639/03 e 11.645/08 e o ensino de Filosofia — RJ e MG, 2013

Constata-se pela análise da tabela e do gráfico que a maioria dos entrevistados não possui mestrado (69,2%).

Tabela 8 — Área do curso de Mestrado feito pelos entrevistados na pesquisa sobre as Leis 10.639/03 e 11.645/08 e o ensino de Filosofia — RJ e MG, 2013

Área	Frequência	Percentual
Não fez mestrado	9	69,2%
Fez mestrado em Filosofia	2	15,4%
Fez mestrado em Educação	0	0
Fez mestrado em História*	1	7,7%
A pessoa não especificou	1	7,7%
Total	13	100%

*A resposta História foi especificação feita pelo entrevistado na opção "Outras".

Gráfico de barras

Categoria	Valor
A pessoa não especificou	1
História	1
Filosofia	2
Não fez mestrado	9

número de entrevistados

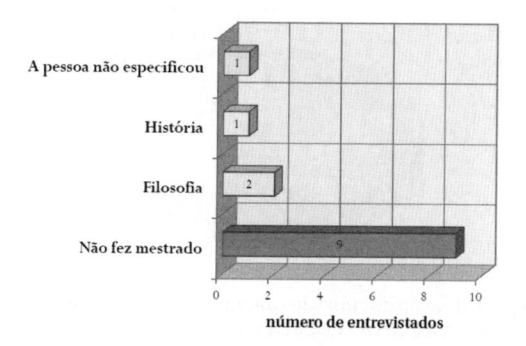

Gráfico 8 — Área do curso de Mestrado feito pelos entrevistados na pesquisa sobre as Leis 10.639/03 e 11.645/08 e o ensino de Filosofia — RJ e MG, 2013

Constata-se pela análise da tabela e do gráfico que a maioria não fez mestrado (69,2%). Quatro dos entrevistados declararam que fizeram mestrado: dois na área de Filosofia, um na área de História e um que não especificou a área. De acordo com a pergunta adicional (7.1.2), essas pessoas concluíram o mestrado nos anos de 2001, 2005, 2010 e 2013.

Tabela 9 — Realização de curso de Doutorado pelos entrevistados na pesquisa sobre as Leis 10.639/03 e 11.645/08 e o ensino de Filosofia — RJ e MG, 2013

Doutorado	**Frequência**	**Percentual**
Sim	2	15,4%
Não	11	84,6%
Total	13	100%

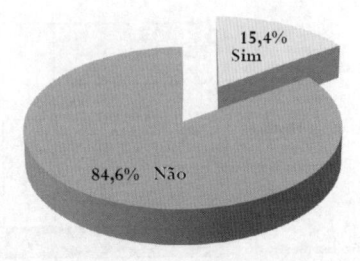

Gráfico 9 — Realização de curso de Doutorado pelos entrevistados na pesquisa sobre as Leis 10.639/03 e 11.645/08 e o ensino de Filosofia — RJ e MG, 2013

Constata-se pela análise da tabela e do gráfico que a maioria dos entrevistados não possui doutorado (84,6%).

Tabela 10 — Área do curso de Doutorado feito pelos entrevistados na pesquisa sobre as Leis 10.639/03 e 11.645/08 e o ensino de Filosofia — RJ e MG, 2013

Área	Frequência	Percentual
Não fez doutorado	11	84,6%
Fez doutorado em Filosofia	1	7,7%
Fez doutorado em História*	1	7,7%
Fez doutorado em Educação	0	0
Total	13	100%

* A resposta História foi especificação feita pelo entrevistado na opção "Outras".

```
História        | 1  |
Não fez doutorado | 11 |
Filosofia       | 1  |
                0  2  4  6  8  10  12
                número de entrevistados
```

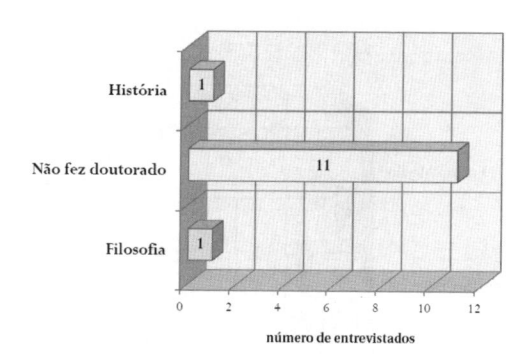

Gráfico 10 — Área do curso de Doutorado feito pelos entrevistados na pesquisa sobre as Leis 10.639/03 e 11.645/08 e o ensino de Filosofia — RJ e MG, 2013

Constata-se pela análise da tabela e do gráfico que a maioria não fez doutorado (84,6%). Dois dos entrevistados declararam que fizeram doutorado: um na área de Filosofia e outro na área de História. De acordo com a pergunta adicional (7.2.2), essas pessoas concluíram o doutorado nos anos de 2011 e 2012.

Tabela 11 — Nível de ensino em que atuam os entrevistados na pesquisa sobre as Leis 10.639/03 e 11.645/08 e o ensino de Filosofia — RJ e MG, 2013

Nível	Frequência	Percentual
Ensino Fundamental	0	0
Ensino Médio	11	84,6%
Ensino Superior	2	15,4%
Total	13	100%

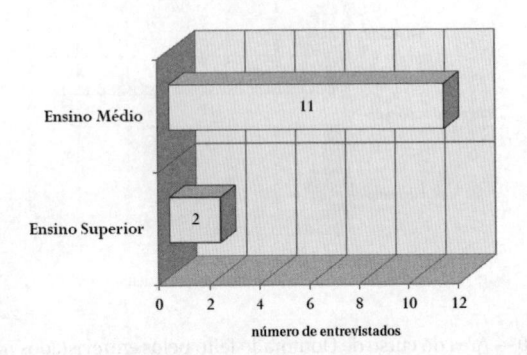

Gráfico 11 — Nível de ensino em que atuam os entrevistados na pesquisa sobre as Leis 10.639/03 e 11.645/08 e o ensino de Filosofia — RJ e MG, 2013

Constata-se pela análise da tabela e do gráfico que a maioria dos entrevistados é professor de Ensino Médio (84,6%).

Tabela 12 — Rede de ensino em que atuam os entrevistados na pesquisa sobre as Leis 10.639/03 e 11.645/08 e o ensino de Filosofia — RJ e MG, 2013

Rede	Frequência	Percentual
Rede de Ensino Pública	11	84,6%
Rede de Ensino Privada	1	7,7%
Não respondeu a pergunta	1	7,7%
Total	13	100%

```
Não respondeu a pergunta  1
Rede de Ensino Privada    1
Rede de Ensino Pública   11
                          0   2   4   6   8   10  12
                              número de entrevistados
```

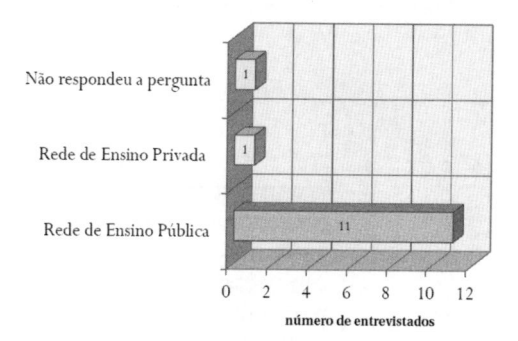

Gráfico 12 — Rede de ensino em que atuam os entrevistados na pesquisa sobre as Leis 10.639/03 e 11.645/08 e o ensino de Filosofia — RJ e MG, 2013

Constata-se pela análise da tabela e do gráfico que a maioria dos entrevistados é professor da rede pública de ensino (84,6%).

Tabela 13 — Ano de início de atuação como professor dos entrevistados na pesquisa sobre as Leis 10.639/03 e 11.645/08 e o ensino de Filosofia — RJ e MG, 2013

Ano	Frequência	Percentual
A pessoa não mencionou o ano	2	15,4%
1991	1	7,7%
2004	1	7,7%
2005	1	7,7%
2009	1	7,7%
2010	2	15,4%
2011	1	7,7%
2012	2	15,4%
2013	2	15,4%
Total	13	100%

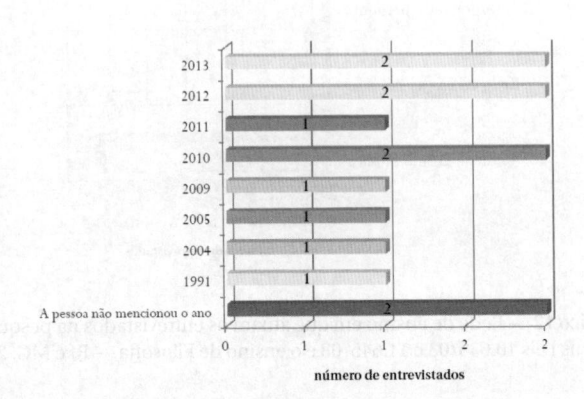

Gráfico 13 — Ano de início de atuação como professor dos entrevistados na pesquisa sobre as Leis 10.639/03 e 11.645/08 e o ensino de Filosofia — RJ e MG, 2013

Constata-se pela análise da tabela e do gráfico que os anos de início de trabalho como professores variam de 1991 a 2013, com a maior concentração a partir de 2010.

Tabela 14 — Conhecimento da legislação pelos entrevistados na pesquisa sobre as Leis 10.639/03 e 11.645/08 e o ensino de Filosofia — RJ e MG, 2013

Conhece as leis	Frequência	Percentual
Sim	11	84,6%
Não	2	15,4%
Total	13	100%

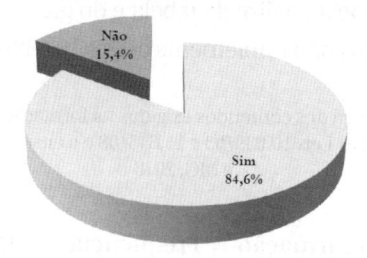

Gráfico 14 — Conhecimento da legislação pelos entrevistados na pesquisa sobre as Leis 10.639/03 e 11.645/08 e o ensino de Filosofia — RJ e MG, 2013

Constata-se pela análise da tabela e do gráfico que a maioria dos entrevistados conhece as leis citadas (84,6%).

Tabela 15 — Implementação das obrigações legais curriculares pelos entrevistados na pesquisa sobre as Leis 10.639/03 e 11.645/08 e o ensino de Filosofia — RJ e MG, 2013

Implementa os conteúdos	Frequência	Percentual
Sim	3	23,1%
Não	10	76,9%
Total	13	100%

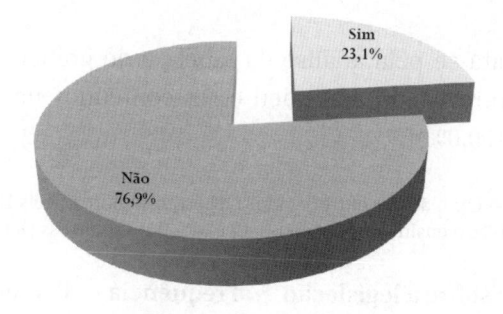

Gráfico 15 — Implementação das obrigações legais curriculares pelos entrevistados na pesquisa sobre as Leis 10.639/03 e 11.645/08 e o ensino de Filosofia — RJ e MG, 2013

O Ensino de Filosofia e a Lei 10.639

Constata-se pela análise da tabela e do gráfico que a maioria dos entrevistados não implementa as leis 10.639/03 e 11.645/08.

Tabela 16 — Presença dos conteúdos exigidos na formação dos entrevistados na pesquisa sobre as Leis 10.639/03 e 11.645/08 e o ensino de Filosofia — RJ e MG, 2013

Conteúdos na formação	Frequência	Percentual
Sim	0	0
Não	13	100%
Total	13	100%

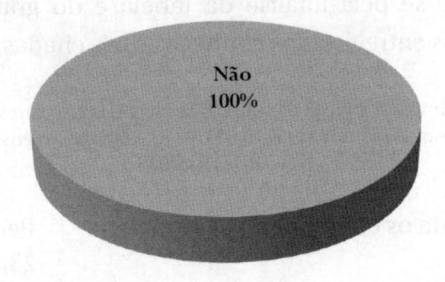

Gráfico 16 — Presença dos conteúdos exigidos na formação dos entrevistados na pesquisa sobre as Leis 10.639/03 e 11.645/08 e o ensino de Filosofia — RJ e MG, 2013

Constata-se pela análise da tabela e do gráfico que nenhum entrevistado aprendeu esses conteúdos na sua formação (100,0%).

Tabela 17 — Opinião dos entrevistados na pesquisa sobre as Leis 10.639/03 e 11.645/08 e o ensino de Filosofia — RJ e MG, 2013 sobre essa legislação

Opinião sobre a legislação	Frequência	Percentual
Muito importante	8	61,5%
Importante	5	38,5%

Pouco importante	0	0
Desnecessária	0	0
Total	13	100%

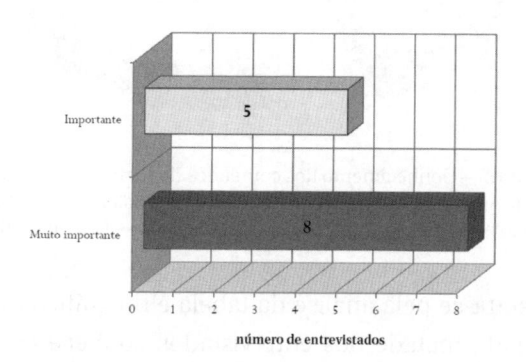

Gráfico 17 — Opinião dos entrevistados na pesquisa sobre as Leis 10.639/03 e 11.645/08 e o ensino de Filosofia — RJ e MG, 2013 sobre essa legislação

Constata-se pela análise da tabela e do gráfico que a maioria dos entrevistados considera essa legislação muito importante (61,5%), e nenhum a considera pouco importante ou desnecessária.

Tabela 18 — Conhecimento dos conteúdos de História e Cultura Afro--Brasileira, Africana e Indígenas pelos entrevistados na pesquisa sobre as Leis 10.639/03 e 11.645/08 e o ensino de Filosofia — RJ e MG, 2013

Conhece os conteúdos	Frequência	Percentual
Sim	7	53,8%
Não	6	46,2%
Total	13	100%

134 O Ensino de Filosofia e a Lei 10.639

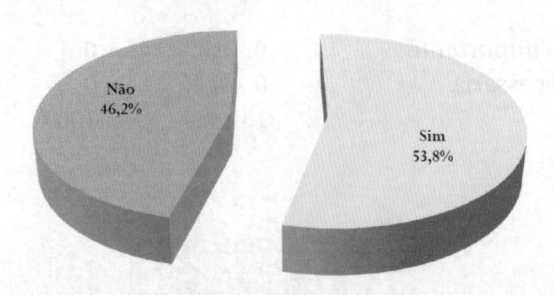

Não 46,2%
Sim 53,8%

Gráfico 18 — Conhecimento dos conteúdos de História e Cultura Afro-Brasileira, Africana e Indígena pelos entrevistados na pesquisa sobre as Leis 10.639/03 e 11.645/08 e o ensino de Filosofia — RJ e MG, 2013

Constata-se pela análise da tabela e do gráfico que pouco mais da metade dos entrevistados conhece conteúdos de História e Cultura Afro-Brasileira, Africana e Indígena (53,8%).

Tabela 19 — Conteúdos constantes das leis considerados importantes para o exercício do ensino de Filosofia pelos entrevistados na pesquisa sobre as Leis 10.639/03 e 11.645/08 e o ensino de Filosofia — RJ e MG, 2013

Conteúdo	Frequência	Percentual
Não respondeu a pergunta	11	84,6%
Fortalecimento da identidade e de direitos; ações educativas de combate ao racismo	1	7,7%
Procuro me atualizar acerca de alguns debates que envolvam as relações étnicas no Brasil com colegas de profissão	1	7,7%
Total	13	100%

A maioria dos entrevistados não respondeu essa pergunta (84,6%), embora ela supostamente devesse ser respondida por todos os que responderam afirmativamente a pergunta anterior.

Tabela 20 — Disposição dos entrevistados, na pesquisa sobre as Leis 10.639/03 e 11.645/08 e o ensino de Filosofia — RJ e MG, 2013, para participar de curso específico sobre Ensino de Filosofia, História e Cultura Afro-Brasileira, Africana e Indígena

Faria curso	Frequência	Percentual
Sim	10	76,9%
Não	2	15,4%
Não respondeu a pergunta	1	7,7%
Total	13	100%

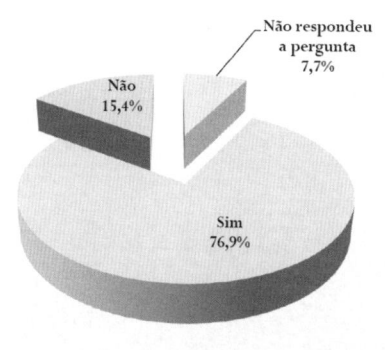

Gráfico 20 — Disposição dos entrevistados, na pesquisa sobre as Leis 10.639/03 e 11.645/08 e o ensino de Filosofia — RJ e MG, 2013, para participar de curso específico sobre Ensino de Filosofia, História e Cultura Afro-Brasileira, Africana e Indígena

Constata-se pela análise da tabela e do gráfico que a maioria dos entrevistados gostaria de participar de um curso de formação continuada específico que trabalhe Ensino de Filosofia, História e Cultura Afro-Brasileira, Africana e Indígena (76,9%).

Este livro foi impresso em novembro de 2020, na Gráfica Exklusiva, em Curitiba.
O papel de miolo é o offset 75g/m² e o de capa cartão 250g/m².